Gerhard Kaiser

Ist der Mensch zu retten?

Vision und Kritik der Moderne in Goethes »Faust«

ROMBACH AKTUELL

Gerhard Kaiser

Ist der Mensch zu retten?

Vision und Kritik der Moderne in Goethes »Faust«

ROMBACH VERLAG

Auf dem Umschlag:
»Faust im höchsten Alter, wandelnd, nachdenkend« – Federzeichnung zu Faust II, 5. Akt, von Max Beckmann (1884–1950); die insgesamt 143 Zeichnungen entstanden 1943–44. Wiedergabe mit freundlicher Genehmigung von Maja Beckmann.

Die Deutsche Bibliothek – CIP-Einheitsaufnahme
Kaiser, Gerhard: Ist der Mensch zu retten?
Vision und Kritik der Moderne in Goethes »Faust« /
Gerhard Kaiser. – 1. Aufl. –
Freiburg im Breisgau: Rombach, 1994
  (Rombach Wissenschaft: Rombach aktuell)
  ISBN 3-7930-9113-9
NE: Kaiser, Gerhard

© 1994, Rombach GmbH Druck- und Verlagshaus,
Freiburg im Breisgau
1. Auflage. Alle Rechte vorbehalten
Lektor: Dr. Nikolaus Reiter
Umschlaggestaltung: Barbara Müller-Wiesinger
Herstellung: Rombach GmbH Druck- und Verlagshaus,
Freiburg im Breisgau
Printed in Germany
ISBN 3-7930-9113-9

Inhalt

Vorurteile 9

Streben 10

Historische Weltdeutung und Prognose durch die Dichtung 15

Dynamisierung des Strebens in der Moderne. Streben und
  Irren 18

Natur als Material und Ideal. Vollendung der Natur durch
  Technik 20

Fausts Natursehnsucht 24

Papiergeld. Der Wahn von der liquide gemachten Natur 25

Der Machbarkeitswahn: der wissenschaftlich hervorgebrachte
  Mensch 31

Der Machbarkeitswahn: die technisch hervorgebrachte neue
  Schöpfung 36

Die Beseitigung der Gegebenheiten von Natur und Geschichte . 42

Der blinde Visionär. Handeln ohne Vorsicht und Vorsorge 50

Die neuste Erde. Kritik der technischen und sozialen Utopien .. 59

Der erfüllte und der leere Augenblick. Pakt und Wette 65

Dichtung, Natur, Gesellschaft. Die Kunst bedenkt sich selbst ... 70

Ist der Mensch zu retten? Streben und Liebe.
  Geschlechtersymbolik und Erlösung 77

»Anmutige Gegend«: eine anthropologische Urszene.......... 87

Wir sind Faust. Sind wir Faust?............................ 93

Zur Forschung
Exkurs 1: Der wissenschaftliche Ort meiner Überlegungen..... 98

Exkurs 2: Nicht nach dem Teufel, sondern nach dem
          Menschen ist gefragt 107

Exkurs 3: Entstehungsgeschichte und Werkeinheit............ 110

Anmerkungen 112

»Faust aufgeben, hieße die ganze moderne Welt aufgeben,
denn Faust sind wir alle selber (...)«
Ferdinand Gustav Kühne (1835)

»Wo bleibt Gott? Ist denn kein Mann mehr im Himmel?«
Wolfgang Menzel (1833)

Vorurteile

Man weiß in der Öffentlichkeit nicht mehr viel über Goethes »Faust«, aber man weiß Bescheid. Zwei Denkschienen stehen bereit; die eine ist alt, die andere neuer. Die erste läuft darauf hinaus, Faust und das Faustische seien gänzlich deutsche Gegenstände.[1] Dieses Vorurteil gab Anlaß, Faust je nach Zeitgeist zuerst zum Denkmal deutscher Größe hochzutreiben, später ihn zum dumpf deutschen Spießer und Professor Unrat herabzuwürdigen. Dabei fallen die jetzigen Interpreten, die Faust als Deutschen und zum Deutschen verurteilen, im nachhinein auf den Nationalismus vergangener Tage herein, dem sie so fern zu stehen glauben. Nur unter umgekehrtem Vorzeichen laufen sie früheren patriotischen Lobrednern nach, die Goethes »Faust« als »ein symbolisches Bild der vaterländischen Geschichte« gefeiert haben. So – fernab vom Text – 1874 der preußische Historiker Heinrich von Treitschke.

Die zweite Denkschiene führt auf den Punkt, der Bildungsbetrieb habe Goethes »Faust« zum Menschheitsdrama aufgebläht, und mit dem Ende der bürgerlichen Bildung sei ihm die Luft ausgegangen. Beide Meinungen vereinigen sich heute in einem Entlarvungsgestus, dessen Überheblichkeit sich an der Verkleinerung, wenn nicht Zerkleinerung des Gegenstands ermißt. Dabei treibt der falsche Tiefsinn Blüten. Wenn zwölf Fausts und zwölf Gretchens zugleich auf der Bühne agieren, ist das der Versuch, durch Banalsymbolik eine komplizenhafte Vorverständigung zwischen Regisseur und Publikum herbeizuführen, beide seien Durchschnittsleute. Aber tatsächlich sagen solche Regie-Einfälle doch mehr über das Profil des Regisseurs (Einar Schleef am 30. Juni 1990 in Frankfurt) als über das Profil des Goetheschen Dramas. Der scheinbar originelle Einfall wird zum Serienprodukt: Inzwischen hat Willy Praml zur 1200-Jahr-Feier Frankfurts ein Großprojekt »Faust 1 & 2« gestartet: zwei Mephistos, drei Fausts mit schwarzer Brille und gelber Blindenbinde. Warum spielt man nicht gleich Wolfgang Borcherts »Draußen vor der Tür«?

Streben

Angesichts der herrschenden Stimmung scheint der alte Gelehrtenstreit, ob Goethes »Faust« ein nur lebensgeschichtlich zusammengehaltenes Konglomerat bedeutender Einzelteile oder aber – bei etwa sechzigjähriger Entstehungszeit – eine im Entstehungsprozeß sich anreichernde und vertiefende, Brüche, Verwerfungen und Neuansätze integrierende, ja als Gestaltungselemente aktivierende Gesamtkonzeption darstellt, stillschweigend zugunsten der Konglomerat-These entschieden. Sie erlaubt es, das Ganze dahingestellt sein zu lassen und nur noch einzelne Partien und Motivzüge des Werks aufzupolieren. Letztes Hilfsmittel ist der billige Ausverkauf durch Persiflage. Dabei bleibt ungesehen, was vor Augen ist: Das Werk liegt nicht hinter uns, sondern vor uns. Nichts führt an der Modernität des Goetheschen »Faust« vorbei, weil nichts daran vorbeiführt, daß er ein Menschheitsdrama wirklich ist, und gerade diese Dimension des Fauststoffs hat Goethe – nach einem nur in Spuren bekannten Vorlauf Lessings – eröffnet. In der Historia von Dr. Johann Fausten (1587), in Christopher Marlowes Drama (1604) und im alten Puppenspiel von Dr. Faust ist der Teufelsbündler ein Außenseiter, ein faszinierendes warnendes Beispiel für die Abirrung von dem Weg, der dem Menschen gewiesen ist. Lessing hat demgegenüber – nach Friedrich von Blankenburgs Aufzeichnung aus dem Jahr 1784 – in der Faustgestalt »Menschheit und Wissenschaft« zur Diskusssion stellen wollen,[2] aber erst Goethe hat die menschheitliche Linie der Hauptfigur voll entwickelt.

Maßgebend dafür ist der »Prolog im Himmel« mit seiner Anlehnung bei dem alttestamentlichen Buch Hiob. Goethe übernahm von dort das Wettangebot des Teufels an Gott, den Herrn. Dieses Strukturzitat stellte den Rückbezug des Sonderfalls Faust, der im »Urfaust« alle Züge des titanischen Ausnahmemenschen angenommen hatte, auf die allgemeine Menschheitsproblematik sicher. Denn auch Hiob ist ein Ausnahmemensch – »(...) es ist seinesgleichen nicht im Lande«, sagt der Herr von ihm (1, 8) –, und gerade das macht es möglich, an ihm die Menschheitsfrage ins äußerste zu treiben. Entsprechend Goethes Faust. Bei der Wette zwischen Gottvater und seinem Teufel Mephistopheles steht im Helden das gesamte Menschenwesen zur Disposition, weil er in exzentrischer Weise das Wesen des Menschen verkörpert. Der Faust des Volksbuchs, Marlowes und des Puppenspiels verläuft sich aus der

Gottesordnung und muß dafür mit Verdammnis büßen. Goethes Faust ist, wie Hiob, ein Auserwählter im Blick Gottes. Beide Male zeigt sich eine herausragende Gestalt, an der unter Experimentalbedingungen erprobt wird, was überhaupt Menschheit ist. Demgemäß verhandelt auch das Erlösungsendspiel des Goetheschen Dramas an Faust prinzipiell die Möglichkeit, den heillosen Menschen zu retten.

Analog dazu, in genauer Entsprechung zwischen objektiver dramatischer Konstellation und subjektivem Bewußtsein des Helden, versteht sich Goethes Faust selber als Menschheitsfigur. Immer wieder deutet er sein eigenes Leben als weiteste Ausfaltung der Grundmuster des menschlichen Lebens. Einen Höhepunkt erreicht diese verallgemeinernde Selbstreflexion an einem Tiefpunkt von Fausts Lebensgefühl, in der Paktszene. Sowohl der Pakt wie die Wette zielen bei Goethe über Mephistopheles hinaus. Gegen den Teufel antretend, tritt Faust in die Position ein, die dieser im »Prolog« gegen Gott einnimmt. Gott, die letzte Instanz hinter Mephisto, ist sein verborgener Adressat. Nicht nur Mephisto, auch Faust will am Beispiel des Menschenlebens – und zwar des eigenen – demonstrieren, daß Welt und Mensch eine Fehlkonstruktion des Schöpfers sind. Nicht weniger als »der Menschheit Krone« steht dabei für Faust auf dem Spiel (Vers 1804), aber sie ist für ihn eine Schmerzenskrone. Er fühlt sich als Schmerzensmann der Menschheit, der freiwillig das Leid der Welt auf sich nimmt – eine parodistische Christusnachfolge, weil er in sich nicht nur die Heillosigkeit, sondern sogar die Unerlösbarkeit des Menschen darzustellen unternimmt. So fordert er:

> Und was der ganzen Menschheit zugeteilt ist,
> Will ich in meinem innern Selbst genießen,
> Mit meinem Geist das Höchst' und Tiefste greifen,
> Ihr Wohl und Weh auf meinen Busen häufen,
> Und so mein eigen Selbst zu ihrem Selbst erweitern
> Und, wie sie selbst, am End' auch ich zerscheitern.
>
> (Vers 1770 ff.)

Der Teufel selbst packt Faust später, in veränderter Situation, bei seiner blasphemischen Anstreifung ans Christushafte, indem er ihm – im ausdrücklichen Zitat der teuflischen Versuchung Christi bei Matthäus 4 – »Die Reiche der Welt und ihre Herrlichkeiten« vor Augen führt (Vers 10131). Faust weist Mephistos Herrschaftsangebot zurück, nicht weil er weniger, sondern weil er mehr verlangt. Er will nun nicht nur herrschen, er will alles neu machen.

Das ist freilich ein extremes Unterfangen. Fausts Extremismus besteht darin, daß er zunächst einem universalen Selbstentwurf, dann einem totalitären Weltentwurf nachjagt. Faust will erst absolut *sein*, zuletzt will er absolut *handeln*. Am Anfang des Dramas versucht er, zu sein wie Gott, indem er totale Theorie und totale Praxis, Allwissen und Allmacht, in sich vereinigt. Schrittweise tastet sich sein Monolog in die Reichweite und den Umfang seines Ziels vor. Er will sehen, was die Welt im Innersten zusammenhält. Sein Blick erweitert sich ins Kosmische, aber das göttliche Auge genügt ihm nicht. Die Welt soll für ihn mehr als »ein Schauspiel nur« sein (Vers 454) So macht er einen Schritt rückwärts, um vorwärts zu gehen, einzutauchen in Praxisfülle, in Lebensfluten und Tatensturm des Erdgeists, der »der Gottheit lebendiges Kleid« wirkt (Vers 509). Als das scheitert, plant er den Selbstmord als unbedingte Tat. Später soll Margarete Faust als Medium der Selbstvergötterung dienen; Raum und Zeit will Faust im verabsolutierten Augenblick der Liebeserfüllung sprengen.

Im zweiten Teil des Dramas geht Faust in Helena die Absolutheit des Schönen auf, in dem die Gestaltenfolge des Lebendigen kulminiert. Es entfaltet sich in der Anschauung und schwindet in der Berührung, so daß Faust schließlich nur dessen symbolische Relikte bleiben. Helena ist nicht individuelle Geliebte, sondern Urbild der Schönheit; Fausts Leidenschaft für sie ist Leidenschaft für das gestalthaft Vollkommene, das dem Mann in der Frau erscheinen kann. In der höchsten Sphäre des Schönen, der Kunst, wird Faust zum Dichter – traditionell als alter deus vorgestellt –, der kraft poetischer Vollmacht die literarische Landschaft Arkadien durch das Wort, nämlich die zitathafte Kollage weltliterarischer Topoi, hervorruft und als Sphäre eigenen Rechts aus der Geschichte heraushebt. Am Dramenende kehrt Faust aus der Erfahrung von Natur und Kunst in die Praxissphäre des Handelns zurück. Nun will er – in Kontrast zur Arkadienszene des dritten Akts – tatsächlich wirken wie Gott, indem er im Bereich des tathaft Wirklichen eine Welt erzeugt. Jetzt versucht er realiter, der Geschichte den Rücken zu kehren und einen neuen Anfang zu setzen. Dabei ist durchgehende Radikalkritik an den Gegebenheiten, die sich in der Paktszene aufs äußerste verschärft, die Rückseite des Faustischen Verlangens, sich zum Schöpfer seiner selbst und seiner Lebenswelt zu erheben.

Diese Willensrichtung treibt auf die Spitze, was einzig der Mensch unter den uns bekannten Lebewesen tut. Das Faustdrama nennt es »streben« – ein heute veraltetes Wort, dessen für das Faustdrama hervorragende Bedeutung am deutlichsten in dem Kompositum ›zielstrebig‹ überlebt hat. Goethe reimt es an einer programmatischen Stelle (Vers 315 ff.) auf »leben« und spricht es dem Menschen generell zu. So tritt der Charakter des Strebens als einer unablöslich zum menschlichen Leben gehörigen Veränderungsenergie hervor.[3] Das Tier kann Situationen erfassen und durch sein Verhalten verändern, jedoch einzig der Mensch kann imaginieren und wollen, alles könnte und sollte anders sein; andere Muster des Lebens sollten gelten. Er verhält sich nicht nur, er bearbeitet die Welt. Er greift mit Intentionen in die Spielregeln der Selektion ein. Er paßt sich den Bedingungen an, indem er sie seinen Bedürfnissen anpaßt. Er stellt sich der Welt gegenüber, bringt sie und sich zur Sprache und auf den Begriff, erhebt sich zu ihrer bildhaften und deutenden Anschauung, erzeugt arbeitend seinen Lebensraum als sekundäres System der Kultur. Der Mensch und dieses System sind gleichzeitig und durch einander definiert, und von alters hat er darüber nachgedacht, daß die Infragestellung des Gegebenen und das daraus folgende Veränderungsstreben seine Eigentümlichkeit ausmachen und zugleich eine eigentümliche Schuldfähigkeit und Schuldexponiertheit mit sich führen, die das Tier nicht kennt.

Nichts anderes als diese Geschichte erzählt die Sündenfallmythe des Alten Testaments, indem sie die Anzweiflung der gesetzten Ordnung und den Eingriff in sie als teuflisch inspiriert darstellt. Nicht von ungefähr nimmt die Faustdichtung darauf Bezug. Mephistopheles schreibt die Verheißung der biblischen Schlange ins Stammbuch des Schülers, der als kleiner Nachwuchsfaust auftritt: »Eritis sicut deus, scientes bonum et malum.« (Vers 2048). Faust, in der Paktszene auf den Spuren Christi, des neuen Adam, ist von vorn herein auf den Spuren des alten Adam. Vergleichbares findet sich im antiken Mythos. Im »Prometheus« des Aischylos provoziert der mythische Halbgott das göttliche Regiment, indem er den Menschen mit dem Feuer die Kultur bringt. Auch das ist ein von Goethe wiederaufgenommenes Thema – im Dramenfragment »Prometheus«, in der Prometheushymne, schließlich in dem Festspiel »Pandora«, wo Prometheus als Repräsentant einer aggressiven, zweckrationalen, nahezu sozialdarwinistisch charakterisierten Arbeitswelt erscheint, die in manchem auf Fausts Kolonialland im

5. Akt von »Faust II« vorweist. In der von Aischylos dramatisierten Prometheusmythe wird der Held von Zeus zur Strafe für seine Rebellion am Kaukasus festgeschmiedet, und ein Adler zerfleischt täglich seine Leber, die nachts wieder nachwächst. Mephisto spielt höhnisch darauf an, indem er Faust zuruft: »Hör auf, mit deinem Gram zu spielen,/ Der, wie ein Geier, dir am Leben frißt;« (Vers 1635 f.). – Faust ein gesteigerter, weltschmerzlerischer, ja grundsätzlich weltverneinender Prometheus.
Was sich hier jeweils in menschheitlichen Protagonisten darstellt, wird in der antiken Lehre von den Weltaltern zum Geschichtsbild, wie es seit Hesiod überliefert ist: Das anfängliche goldene Zeitalter ist die Glücksepoche einer schuldlos in sich ruhenden Menschheit, der alle Bedürfnisbefriedigungen zufallen. So

> Lebten die Völker dahin in behaglich gesicherter Muße.
> Unberührt sogar, von keinem Pfluge, von keiner
> Egge verändert, schenkte freiwillig alles die Erde;

Aus diesem wunschlosen Zustand, hier nach dem ersten Buch von Ovids »Metamorphosen« (Vers 89 ff. in der Übersetzung von Thassilo von Scheffer), fällt die Menschheit Schritt für Schritt heraus bis zum eisernen Zeitalter. Es trägt das Doppelgesicht von tiefstem Frevel und weitestreichender Kultivierungsleistung. Schiffahrt ins Unbekannte – das Vordringen ins Geheimnis der Ferne –, Bergbau in den Abgründen der Erde – das Eindringen ins Geheimnis der Tiefe –, Verbrechen und Krieg – die moralische Entfesselung – stehen nebeneinander. Mit einem Wort: Schuld und Streben gehen Hand in Hand.
Die meisten stofflichen Ansätze für sein Großdrama fand Goethe vor. Der hybride Selbstvergötterungsanspruch, der Erkenntnisdrang, der Machthunger sind bereits zur Sprache gekommen, aber die frühere Faustgestalt will vieles und vielerlei, auch puren Genuß, auch schwankhaftes Possenspiel. Wie Goethe seinen Faust objektiv im dramatischen Kontext und subjektiv in seinem personalen Anspruch zum Menschheitsrepräsentanten macht, verleiht auch er erst der Figur die organisierende Mitte aller Einzelimpulse, das Streben, als menschheitlichen Anspruch, das Vorhandene auf Alternativen hin in Frage zu stellen. Das signifikant menschliche Verhalten der Goetheschen Faustgestalt ist nun zugleich von so präzise wahrgenommener historischer Eigenart und Neuartigkeit, daß sie als Exponent der heraufkommenden Moderne erscheint, und darin liegt eine zusätzliche faszinierende und provozierende Kraft dieses Werks für unsere Gegenwart.

Historische Weltdeutung und Prognose durch die Dichtung

Prinzipiell erweist sich der Rang der großen Dichtungen darin, daß sie jeder Zeit ein neues Gesicht zeigen, weil die historischen Veränderungen der Welt immer neue Perspektiven auf sie eröffnen. Grundsätzlich ist die Lebensbegegnung des Menschen viel reicher, differenzierter und zugleich voller von Widersprüchen als unser Welt- und Selbstbewußtsein. Die bedeutenden literarischen Werke haben es nun in sich, daß sie nicht nur die bewußte Absicht und Einsicht des Dichters zum Ausdruck bringen, sondern seine gesamte, auch unbewußte, zuweilen sogar verdrängte Welterfahrung. So erfassen sie gründlicher, freilich auch dunkler, widersprüchlicher und stärker individuell perspektiviert als alle theoretischen Darstellungen, was an der Zeit ist. Je größer die seismographische Empfindlichkeit des Künstlers, je weiter ausgreifend das Netz seiner Wahrnehmungen, je mächtiger die Öffnung für die Abgründe und Bodenlosigkeiten des Vorhandenen, um so tiefer ist die Erfassung der epochalen Grundtendenzen, aber auch die Ahnung der Entwicklungen, die sich untergründig vorbereiten.

So können Vorgriffe der Werke auf die Zukunft entstehen, die erst in späteren Zeiten lesbar werden. Das gilt besonders für Goethes Faustdichtung in der Weite und Eindringlichkeit ihrer Konzeption, die den menschheitlichen Helden unter Sprengung der dramatischen Einheiten, ja der empirischen Dimensionen unseres Lebens durch die Tiefe der Zeiten und die Weite der kulturellen und gesellschaftlichen Räume führt, wobei er als existentieller Denker, als Forscher, Liebender, Ökonom, Künstler, Politiker, Feldherr, Techniker und Kolonisator auftritt. Nicht weil wir klüger wären als ältere Interpreten, vermögen wir heute neue, erregende Perspektiven auf die Faustdichtung zu gewinnen, sondern weil wir inzwischen mitten in den Problemen und Katastrophen stehen, die in der Fausttragödie gerade über den historischen Horizont zu treten beginnen.

Freilich ist die Frage nach der Aktualität von Goethes »Faust« nicht identisch mit der Frage nach dem Gesamtwerk und führt nicht zu einer Gesamtwürdigung. Es geht mir um die Erhellung einzelner Konstellationen, Handlungs- und Bedeutungsstränge, die allerdings im Zentrum von Fausts Willensrichtung und damit des Werks liegen. Doch nicht einmal die Frage nach der Aktualität dieser Dichtung kann hier umfassend erörtert werden. Wir hätten sonst auch einläßlich zu sprechen über

Fausts Radikalismus der Selbstverwirklichung, in dem er sein Ich zum Maß aller Dinge und Verhältnisse macht. Er zeigt eine egozentrische Lebenshaltung, die heute, trivialisiert und banalisiert, zu einem Hauptkennzeichen des in der Massengesellschaft vereinzelten, zugleich desorientierten und manipulierten Menschen geworden ist. Wir hätten zu reden über die prägnante, die modernsten Tendenzen seiner Zeit mitbestimmende Neuformulierung des Geschlechterverhältnisses und der Geschlechterrollen in diesem Drama, aus deren Reichweite wir erst heute herauszutreten beginnen.[4] Alles das soll hier nicht stattfinden. Ich beschränke mich auf einen einzigen, grandiosen Aspekt des Goetheschen Werks, die Entfesselung der anthropologischen Veränderungsenergie in der Neukonstellierung von Natur, Ökonomie und Technik, die zur modernen Industriegesellschaft und ihren Entartungen führt. Dabei tritt zuletzt die Rolle der Kunst in diesem Wechselspiel vor Augen und damit ein Zug besonderer Modernität des Faustdramas: seine Selbstbezüglichkeit, seine Reflexivität auf sich als Kunstwerk.

Die These, Faust sei Repräsentant der Menschheit und zugleich Exponent der Moderne in ihrer historischen Spezifik, scheint auf den ersten Blick in sich widersprüchlich, ist es aber nicht. Gewiß ist es verdächtig, wenn Phänomene unter Vernachlässigung der konkreten Bestimmtheit der geschichtlichen Situation vorschnell als allgemeinmenschlich angesehen und erklärt werden. Fausts eigene anthropologische Generalisierungen leisten zuweilen nichts anderes, als daß sie seine speziellen Interessen verdecken – auch vor ihm selbst. Von vorn herein redet er wohl deshalb so gern von der Menschheit im allgemeinen, weil ihm das Gelegenheit gibt, im Verallgemeinern der eigenen Probleme noch öfter und dringlicher von sich selbst zu sprechen, als er es geradezu tun könnte. An Goethe als Autor läßt sich zeigen, daß bei äußerstem Scharfblick im Erfassen zeitgeschichtlicher Sachverhalte deren Formulierung oft in generalisierenden weltanschaulichen Kategorien stattfindet, die zuweilen zeitcharakteristische Konturen entschärfen.

Aber hier geht es um das Gegenteil, und die Chance dieser Perspektivenumkehr verdankt sich einer historischen Hermeneutik, die erst nach der Goethezeit entwickelt wurde. Das Geschichtliche wird nicht in einem überall und nirgends angesiedelten Allgemeinmenschlichen verdampft; vielmehr wird die Grundausstattung des Menschen in der Besonderheit einer historischen Entfaltungssituation aufgesucht. Im Gang der Geschichte erweist sich die Plastizität der anthropologischen Aussteuer darin, daß bestimmte Möglichkeiten und Anlagen des Menschen in bestimmten epochalen Situationen aktualisiert, prägnant entfaltet, programmatisch und problematisch ausgearbeitet werden, so daß später nicht einmal im Widerspruch dazu ein einfaches Zurück hinter sie stattfinden kann. Andere Anlagen hingegen werden nicht abgerufen, verkümmern deshalb oder gehen verloren. Sogar die anthropologische Veränderungsenergie ist dieser historischen Modulation dergestalt unterworfen, daß sie in den meisten Kulturen eher statisch immanent bleibt – als Vorhandensein von Kultur und Gesellschaft überall da, wo es Menschen gibt – und erst spät und punktuell explosionsartige Virulenz gewinnt.

Gerade eine historische Hermeneutik kann nun feststellen, daß Goethe selber – mag er öfter das Historische im generell Humanen auflösen – im Kern der Faustkonzeption die spannungsvolle Verschränkung von Anthropologie und epochaler Neukonstellation herstellt, der ich hier nachgehe. Die Moderne steigt in diesem Drama auf als die historische Krise, in der sich entscheidet, was der Mensch überhaupt ist, wohin er geht, ja, woher er kommt; denn das heute mögliche Ende der Menschheitsgeschichte würde rückwirkend noch den Schatten der Vergeblichkeit auf ihren Anfang fallen lassen. Mit anderen Worten: Faust ist als Repräsentant der Moderne Menschheitsrepräsentant in extremis. Denn der anthropologische Imperativ: Es soll anders werden! ist zwar der Grundimpuls der Menschheit, ihrer Kultur und Geschichte. Er dynamisiert sich jedoch in nie dagewesener Weise mit der industriellen Revolution, im Maschinenzeitalter; er wird absolut in der industriellen Gesellschaft, die sich an der Wende des 18. zum 19. Jahrhundert ankündigt und in exponentialer Beschleunigung durchsetzt.

Dynamisierung des Strebens in der Moderne. Streben und Irren

Goethe als Zeitgenosse hat die politischen und ökonomischen Neuansätze, die Entwicklungen in den Naturwissenschaften und im Maschinen- und Verkehrswesen mit Sachkenntnis und äußerstem Interesse verfolgt. So ist es historisch einleuchtend, daß sein »Faust« ungefähr zwischen 1770 und 1830 entsteht und den kulturstiftenden Eingriff des Prometheus, den Sündenfall Adams neu formuliert: als rast- und endlosen Ausgriff und schrankenlosen Weltverzehr, als unbeherrschbaren Trieb zur Welt- und Selbstherrschaft, als katastrophischen Fortschritt. Faust steht dabei einem Gott gegenüber, den Mephistopheles irrtümlich »den Alten« (Vers 350) nennt. Aber im Rückgriff auf die Experimentalsituation des Buchs Hiob hat Goethe alle Momente der Konstellation gründlich umgeformt. Hiob lebt fromm und gottesfürchtig, doch das heißt gerade nicht dynamisch. Stellte der Herr ihn nicht auf die Probe, bliebe er bis zum Ende seiner Tage zufrieden in dem ein für allemal abgesteckten Rahmen seines Lebens. Durch Katastrophen, die von außen einbrechen, wird er in seiner Standfestigkeit getestet.

Der Mensch hingegen, wie er sich in Goethes Faustgestalt darstellt, ist von Gott selbst ursprünglich in Unruhe gesetzt; mit den Worten Mephistos:

> Ein wenig besser würd' er leben,
> Hättst du ihm nicht den Schein des Himmelslichts gegeben;
> Er nennt's Vernunft und braucht's allein
> Nur tierischer als jedes Tier zu sein.
> (Vers 283 ff.)

Modern gesagt: die anthropologische Veränderungsenergie, der geistige Elan des Menschen ist gekoppelt mit dem Verlust der Fraglosigkeit des puren vitalen Daseins, die dem Tier eingesenkt ist und es hält. Der Herr des »Prologs im Himmel« prüft Faust von innen, in dieser Irritierbarkeit und Irritation der menschlichen Existenz, die mit der Möglichkeitsvielfalt der Lebensgestaltung und der Denkbarkeit von Alternativen gesetzt ist. Und während der Herr Hiobs, vom Teufel herausgefordert, allein an ihm handelt, verwendet Goethes Herr den Teufel aktiv als seine Hilfskraft, die in Fausts Verhaltensimpulse eingreift. Mephistopheles »reizt und wirkt und muß als Teufel schaffen«, um das Erschlaffen der menschlichen Tätigkeit zu verhindern (Vers 340 ff.). Wie Faust ist also auch sein Gott ein moderner Dynamiker. Er schätzt das Streben und verheißt ihm Erlösung, obwohl es untrennbar mit dem Irren verbunden ist und in Fausts Aktionen zum irren Streben wird. In der Sündenfallmythe, bei Aischylos und ebenso in der Lehre von den Weltaltern wird die Eigenmächtigkeit als uneingeschränkt verwerflich voll zugerechnet und zieht das göttliche Strafgericht auf sich. Bei Goethe anerkennt der Herr die innere Verknüpfung von Ausgriff und Verfehlung. Mit der Konzession »Es irrt der Mensch, solang er strebt« (Vers 317) entfesselt der neu-alte Gott des »Prologs« unter Einbeziehung des Teufels die Dialektik der Moderne.

Die Faust-Konstellation des Ineinanders von Streben und Irren markiert exakt, wie sich in der Moderne unendliche Möglichkeiten mit unabsehbaren Gefahren verschlingen. Seit Goethe hat sich diese Verschlingung dahin verdichtet, daß die größten wissenschaftlichen Errungenschaften des Menschen – die Erschließung der Atomkraft und die Einsicht in die genetische Codierung des Lebens – zur Selbstausrottung des Menschen führen können. Das Wirtschafts- und Bevölkerungswachstum, ein Sieg der Medizin und Hygiene, stellen die Ressourcen für das Überleben der Menschheit infrage. Abfallgebirge und Umweltvergiftung zerstören die Lebensräume. In parasitärer Weise droht das sekundäre, vom Menschen geschaffene System alles zu überziehen und das primäre Weltsystem aufzufressen. Und auch hierfür ist in der Entstehungszeit des Goetheschen »Faust« der Grund gelegt. Es gibt eine epochale Wende vom Rationalismus des 17. Jahrhunderts mit seiner theoretischen Vernunft zur praktischen Vernunft der Aufklärung. Der Rationalismus, in Deutschland am stärksten ausgeprägt in der Leibnizschen Philosophie, zielt auf das metaphysische Bezugsfeld des Menschen, auf die Urgründe und Ursachen des Seins. Die Aufklärung fragt nach der konkreten Lebenssituation des Menschen und deren Verbesserungsmöglichkeiten im ganzen und einzelnen. Sie hat mit dem Rationalismus die hohe Wertschätzung der Vernunft gemein, doch der Vernunftbegriff wandelt sich. Aus der spekulativen wird praktische Vernunft, gesunder Menschenverstand. Die Philosophie wird Weltweisheit, die Erfahrung erhält das Wort. In diesem Rahmen vollzieht sich eine spezielle Entwicklung. Schon das 16. und 17. Jahrhundert sind große Zeiten der Naturwissenschaft, aber erst allmählich, dann mit steigender Geschwindigkeit und in ungeahntem Ausmaß wächst der Anwendungsbezug, wobei eine höchst produktive Rückkoppelung zwischen Theorie und Praxis, eine Wechselwendigkeit zwischen Wissenschaft und Technik entsteht.

Dafür zwei markante Beispiele: Im gleichen Zeitraum, in dem Goethe die Faust-Konzeption entwickelte und verwirklichte, wurde die Dampfmaschine von James Watt funktionstüchtig, als Pumpenantrieb in die Bergwerke, als Motor der Webstühle und Eisenhämmer in die industrielle Fertigung, als Eisenbahn auf die Schienen und als Dampfschiffsantrieb aufs Wasser gebracht – Symboldaten für den beginnenden Großverbrauch der Kohle, versteinerter Urwälder, die sich in geschichtlicher Zeit nicht regenerieren, während das ökonomische Verhalten des Menschen bis dahin aufs ganze gesehen durch die Einsicht bestimmt war, vom selbsttätigen Nachwachsen der Subsistenzmittel abhängig zu sein. Der Verschleiß der Ressourcen beginnt. Rohstoffgewinnung, Industrieproduktion und Verkehrsverdichtung greifen ineinander. Auch die Landwirtschaft als Uraltproduktionsweise wurde von den Neuerungen ergriffen. 1824 wurde Justus Liebig, einundzwanzigjährig, Professor der Chemie in Gießen. Er begann mit der Entwicklung der Agrarchemie, welche die Ernährungsbasis der Menschheit von Grund auf veränderte, indem sie durch Kunstdünger Grund und Boden optimierte.

Natur als Material und Ideal. Vollendung der Natur durch Technik

Während der Mensch sich so zur wissenschaftlichen Objektivierung und technischen Beherrschung der natürlichen Welt und zur Vernutzung der Natur als Rohstoff aufschwang, entwarf er komplementär ein neuartiges sentimentales Lebensideal.[5] Der erfolgreiche Planer und Umwelt-Manipulator verfiel der Sehnsucht nach dem Unbeherrschten, Spontanen und erfuhr es als Natur: Natur im Menschen als Kraft, Herz, Gefühl, Phantasie; außermenschliche Natur als Sphäre in sich spielender Wachstumsenergien, als mütterlichen Liebesgrund allen Lebens: »Wie ist Natur so hold und gut, die mich am Busen hält« singt das lyrisch gestimmte Ich in Goethes Gedicht »Auf dem See«, das auf der Schweizerreise des Jahres 1775, etwa gleichzeitig mit der Dampfmaschine, entstanden ist.

Jahrtausende hindurch hatte der Mensch seine Kultur den Zyklen und Gegebenheiten der Umwelt unterordnen müssen: cultura meint be-

kanntlich zunächst Landwirtschaft. Im Aufbruch zur Naturbeherrschung begann der Mensch, soweit er reich, mächtig und von adliger Herkunft war, im Renaissancegarten und im Französischen Park Symbole eigener Verfügungsmacht hervorzubringen. Die Landschaft mit ihrem pflanzlichen Bewuchs wurde geometrisiert, Natur demonstrativ in Architektur transformiert. Mit dem massenhaften Austritt des Menschen aus den Naturrhythmen in der heraufkommenden Industriegesellschaft, mit der großflächigen Zernarbung der Erdoberfläche durch Technik, Industrie und ingenieurmäßig geplante und hergestellte Verkehrsnetze wie Eisenbahn und Kanäle entstand ein eigentümlicher Widerspruch. Im Arbeitsalltag verwandelte der Mensch mit Hilfe seiner Zweckrationalität Natur in Material, für den Freizeitgebrauch entdeckte er als jüngste mythische Gottheit Mutter Natur und warf sich ihr liebend in den Schoß. Als Techniker und Ökonom folgte er der Leitvorstellung der rationalen Erschließung und Indienstnahme der natürlichen Bestände, als fühlendes Herz suchte er das Herz der Natur, die brüderliche Nähe der Mitgeschöpfe, die Resonanz der beseelten Landschaft, Reichtum und Konkretheit der sinnlichen Natureindrücke. Je mehr der Mensch die Natur berührte und vergewaltigte, um so heiliger wurde ihm die unberührte Natur. Eine Materialisierung solcher Sehnsüchte ist die im 18. Jahrhundert entworfene Wunschlandschaft des Englischen Parks, der den Französischen Park ablöst. Statt die Künstlichkeit der Naturmanipulation vorzuweisen, wird sie nun in der raffinierten und effektvollen Inszenierung ›natürlicher‹ Naturräume versteckt.
Und doch gibt es Gemeinsames im Getrennten und wiederum Trennendes im Gemeinsamen. Kreativität, Spontaneität, Phantasie, primär dem symbolischen Bereich der Natur als Schwingungsraum der Seele zugeordnet, spielten zugleich eine zentrale Rolle bei der Entstehung der kapitalistischen Gesellschaft. Die alte ständische Gesellschaft funktionierte nach stabilen traditionellen Regeln. In der modernen dynamischen Gesellschaft sind Phantasie, produktive Einbildungskraft, Spontaneität auch Antriebsmomente der Rationalität – als Ingeniosität des Erfinders, des industriellen und ökonomischen Innovators, als Gewinn- und Verlustphantasie, als Sinn für die versteckte Möglichkeit, die unerwartete Kombination scheinbar weit auseinanderliegender Elemente, die einzigartige Chance, die natürlich auch der große Flop sein kann. Derart steht eine operationale, das industrielle System durchsetzende und ausweitende Phantasie neben einer sentimental-idealen

Phantasie im Namen des Naturhaften. So erscheinen Mutter Natur und die Dampfmaschine gemeinsam auf der geschichtlichen Bühne, abgewandt von einander und doch eng zusammengehörig.

Die letzte Konsequenz der widerspruchsvollen Zusammengehörigkeit aber ist erreicht, wenn die operative Phantasie ihre Zielprojektionen als Vollendung der sentimental und idealisch angeschauten Natur auffaßt und darstellt. Auch Kultivierung der Natur ist dem Menschen ursprünglich und durchgehend eigentümlich, wie bereits anläßlich der Herkunft des Wortes Kultur bemerkt. Man denke etwa an Haus- und Nutztierhaltung, Pflanzenanbau und Züchtung. Schon bei Montaigne (»Über die Kannibalen«) und Shakespeare (»Wintermärchen« IV, 4) wird das Thema angeblicher Verbesserung der Natur diskutiert. Aber erst seit der Moderne richten sich die Aktivitäten aufs Gesamtgefüge und die Elemente, versprechen das weißeste Weiß, das grünste Grün, die sauberste Energie, die glücklichsten Lebewesen, die es je gab. Natur wird demnach durch den Bund von Wissenschaft und Technik erst schön. Das gesamte Motivbündel ist zusammengefaßt in einem Gedicht des deutschstämmigen, in England lebenden Harfenbauers J. A. Stumpff, das Goethe 1831, während der letzten Zeit der »Faust«-Entstehung, veröffentlichte, nachdem Stumpff es dem Dichter 1827 persönlich in Weimar vorgetragen hatte. In der lyrischen Verherrlichung der Dampfmaschine, für die sich Stumpff auch als Modellbauer leidenschaftlich interessierte, lautet die zweite Strophe:

> Warum denn wurden wir so rund umgeben
> Vom rohen Stoff, von Kräften aller Art?
> Was will in uns'rer Brust das stete Streben,
> Das sich mit ewig reger Neugierd' paart?
> Gestalten soll der Herr der Erden?
> Harrt nicht hier alles auf des Bildners Hand?
> Ein Schöpfer soll der Mensch, wie Gott wohlthätig werden?
> D'rum gab er ihm Stoff, Kräfte und Verstand. –

Hier ist nicht nur die Ideologie der zweiten Schöpfung mittels Technik markant ausgesprochen; Stumpff verwendet mit der Formulierung vom »rohen Stoff« auch eine Vorform des Begriffs ›Rohstoff‹, der im Grimmschen Wörterbuch erstmals für 1863 belegt ist.[6] Es ist der – wie Goethe gesagt hat – »sehr ernsten Scherze« der Faustdichtung[7] würdig, daß der Dichter die Vision einer künstlichen Natur*ordnung* ausgerechnet in dem von seiner Schwiegertochter Ottilie herausgegebenen Journal »Chaos«

zum Druck brachte, und nicht von ungefähr fällt bei Stumpff das Stichwort der Fausttragödie: »Streben«. Hat doch das Streben inzwischen eine künstliche Natur hervorgebracht, die ins Chaos umzukippen droht.

Bei der hier angedeuteten Epochenskizze muß klar sein, daß sie auf die von mir herausgehobene Thematik abgestellt ist; beanspruchte sie Eigenständigkeit, müßten weitere wichtige Phänomene berücksichtigt und andere Akzente gesetzt werden; so spreche ich kaum von den politischen Erscheinungen und Umwälzungen, die auch, wie etwa die Französische Revolution, in Goethes »Faust« eindringlich bearbeitet werden. Weiter ist das Mißverständnis zu vermeiden, es ginge um strenge Kausalketten, gar um den Vorlauf materieller Bedingungen zu ideologischen Folgen. Ich fasse vielmehr signifikante historische Momente ins Auge, die zunächst unabhängig von einander auftreten. Als Goethe in seinem Gedicht »Auf dem See« das neue Naturgefühl artikulierte, wußte er nichts von James Watts zeitgleicher Erfindung der Dampfmaschine; die ersten Englischen Parks wurden von reichen Landlords, in Deutschland von Fürsten angelegt, die gewiß keine Erholung von einer industriellen Umwelt benötigten. Natur wurde in der Zeit des jungen Goethe viel mehr der Gesellschaft als etwa der Technik gegenübergestellt, und das moderne Naturgefühl war längst entwickelt, ehe es zur technischen Überformung der Kulturwelt kam. Erst im nachhinein können diese Momente so aufeinander bezogen werden, wie es hier geschieht; erst allmählich treten sie nach Art eines Regelkreises zusammen, bei dem alle Elemente miteinander in Rückkoppelung stehen. Trotzdem beziehen sich bereits im Blick des alten Goethe Maschinenwesen und funktionslos werdende Adelswelt, Verkehrserschließung und Weltliteratur, Papiergeld und Kolonialismus aufeinander, und vollends im Lauf des 19. Jahrhunderts wird zum Geflecht der Verweisungen, was vorher isoliert vorhanden war; nun werden aus elitären Positionen kulturelle Breitenphänomene. Im Sinne einer idealtypischen Konstruktion ist hier eine Konstellation entworfen, in die Goethes »Faust« eintritt und die er umgekehrt mit erzeugt. Es ist die Konstellation, die noch unser zeitgenössisches Bewußtsein strukturiert.

Fausts Natursehnsucht

So beginnt die Fausthandlung: Eingeklemmt in einen engen hohen Raum – halb Bibliothek, halb Laboratorium –, wo er sonst der Natur mit Hebeln, Schrauben und Abstraktionen zu Leibe rückt, läßt der Held seine Imagination ausschweifen zu mondüberglänzten Gefilden und Quellen des Lebens. Er sehnt sich nach Natur pur. Anschauung von »Wirkenskraft und Samen« der Welt möchte er haben (Vers 384) – jenseits von Wort und Formel, und als ihm diese zuteil wird, drängt er weiter, zu Praxis und Unmittelbarkeit. Er sucht paradoxerweise die »unendliche Natur« zu »fassen« (Vers 455). An den überquellenden Brüsten begehrt er zu trinken, die – ohne daß das Wort hier fällt – Natur als Mutter ausweisen. Später, in einer Krise seiner Liebe zu Gretchen, finden wir ihn in »Wald und Höhle«. Er erblickt »(…) die Reihe der Lebendigen/ (…)/ Im stillen Busch, in Luft und Wasser«, und damit korrespondiert der Blick in die eigne Seelennatur: »(…) und meiner eignen Brust/ Geheime tiefe Wunder öffnen sich« (Vers 3225 ff.). Im zweiten Dramenteil durchschreitet Faust als Naturdeuter und -betrachter das Stufenreich der organischen Formen bis zu ihrer höchsten Erscheinung im schönen Menschen. Und auch in der Liebe ist Faust ein Naturschwärmer. Einem Kleinbürgermädchen mit dem Blumennamen Margarete nachstellend, deutet Faust sie zum »Götterbild« und »eingebornen Engel« der Natur um (Vers 2712 ff.).
Doch von vorn herein erweist sich Faust als modern Zerrissener. Sein Grundwiderspruch tritt im ersten Monolog schon heraus. Wortreich verurteilt er Wort- und Bücherwissen; in abstrakten Denkbewegungen zielt er auf Konkretion und Unmittelbarkeit. Später verwirft er das Wort zugunsten der Tat, aber er tut es vorerst nur in Worten, in Ausübung einer weltfernen Gelehrtentätigkeit, im Übersetzen eines uralten Textes, des Anfangs des Johannesevangeliums. Fausts Sehnsucht nach Mond, Tau und Morgenrot ist die des naturfremden Gelehrten. Noch zum Genuß der weiten nächtlichen Landschaft wünscht er ein Buch als Begleiter. Will er seine Zeichen bei Mondlicht entziffern? In der gefühlvollen Deutung Gretchens liegt dann ein gewaltsamer Zugriff, der sie überfordert und an ihrer persönlichen Eigenart vorbeigeht, und das Deutungsmuster – als Naturkind – wird für sie brutal zerstörerisch, weil es die gesellschaftlichen Bindungen, Normen und Restriktionen der städtischen Kleinbürgergesellschaft ignoriert, in denen sie lebt. Fausts

Ignoranz dient seiner seelischen Bequemlichkeit. Sein Verführungspotential liegt in der gleichen Kraft der produktiven Imagination, des Gefühls und der Phantasie, die sich in seinen Natursehnsüchten äußert. Er verführt sich und sie, indem er sie in den Sturm eines verabsolutierten, ›naturhaften‹ Gefühls versetzt. Das ›Naturkind‹ liebend, überläßt er sie mit ihrem unehelichen Kind sich selbst, liefert sie an Schuld, Kerker und Tod als Verbrecherin aus.

Papiergeld. Der Wahn von der liquide gemachten Natur

Dieselbe Verhaltensweise wird im zweiten Teil der Faustdichtung ins Große, in die gesellschaftlichen Großformationen übertragen. Das geschieht im ersten Akt durch den Papiergeld-Zauber am kaiserlichen Hof. Mephisto bereitet ihn vor beim Staatsrat, wo er sich die Stelle des Hofnarren aneignet, nachdem der bisheriger Amtsinhaber durch Tod oder Trunkenheit ausgefallen ist. Faust nimmt an Mephistos Intrige teil, indem er beim anschließenden Maskentreiben in der Rolle des Plutus, des Gottes der Reichtümer, auftritt. Nicht von ungefähr verbinden sich karnevalistischer Maskenzug und finanzielle Großmanipulation miteinander, denn beide spielen mit der Illusion und der Illusionierbarkeit der Menschen, beides sind Unternehmungen, um die katastrophale Lage des Kaiserreichs vergessen zu machen. So erscheint der Kaiser, dessen reale Macht weitgehend geschwunden ist, theatralisch in der Rolle des mächtigen Gottes Pan, der nicht nur Spitze der Gesellschaft ist, sondern von Mephisto auch als Herr des Elementarreichs, damit ein Weltgott, gepriesen wird.
Faust und sein teuflischer Bundesgenosse treten als Projektemacher auf. Das Gemurmel der Menge sagt es: »Ich weiß schon – Was dahinter steckt -/ Und was denn weiter? – Ein Projekt -« (Vers 4887 f.). Das ist ein Stichwort der politischen Satire des 17. und 18. Jahrhunderts, etwa in »Gullivers Reisen« des großen Jonathan Swift.[8] Allenthalben trieben an den Höfen Leute ihr Unwesen, die den stets geldbedürftigen Potentaten Patentrezepte zur Erlangung ungeheurer Geldmittel versprachen. Das reichte von der Goldmacherei bis zu Wirtschaftssystemen und kolonialen Erwerbungen. Auch das Kaiserreich ist durch Finanznot zerrüttet, und in dieser Situation starten Faust und Mephisto ihren großen Coup, durch den sie zu Macht und Einfluß am Kaiserhof zu kommen hoffen:

Sie geben Schatzanweisungen, Papiergeld auf die Reichtümer aus, die – gemünzt oder ungemünzt – ungehoben im Boden des Kaiserreichs lagern; Mephistopheles spricht Faust gegenüber vom »Papiergespenst der Gulden« (Vers 6198). Die tatsächlich unzugänglichen, zumindest nur durch umfangreichen und planmäßigen Abbau zu gewinnenden Reichtümer der Erde werden im wahrsten Sinne des Wortes ›scheinhaft‹ – nämlich in Form von Papiergeldscheinen – in die Verfügung des Kaisers gebracht.

Dieser zeigt wie Mephistopheles ein Doppelgesicht. Mephisto verführt einerseits mit der Aussicht auf das schnelle Geld, und er gibt sich andererseits als kluger Mahner zu Geduld, Besonnenheit und naturgemäßem Vorgehen. Der Kaiser ahnt Frevel und Trug, aber er spielt nur allzugern den betrogenen Betrüger, der auf sensationelle Weise zu unbegrenzt sich fortheckendem Kapital kommen will, und seine von Mephisto angestachelte Gier nach Gold ist so groß, daß dieser ihn unter dem Schein der Weisheitsrede verspottet. Vom Kaiser gedrängt, doch nur sofort an Ort und Stelle die Reichtümer, von denen die Rede ist, hervorzuackern, zitiert er die berühmte Äsopische Fabel vom Bauern, der seine Söhne zu fleißigen Landwirten macht, indem er sie nach einem angeblich im Boden versteckten Schatz suchen läßt. Die Arbeit bringt den Schatz hervor, den es in Wirklichkei gar nicht gibt:

> Nimm Hack' und Spaten, grabe selber,
> Die Bauernarbeit macht dich groß,
> Und eine Herde goldner Kälber,
> Sie reißen sich vom Boden los.
> (Vers 5039 ff.)

Mephisto wendet hier das gleiche Gedankenspiel an wie früher gegenüber Faust in der Hexenküche, als dieser den zaubrischen Verjüngungstrank nicht schlucken will. Dort propagiert er mit dem Verweis auf die »natürlichen«, aber unbequemen Verjüngungsmittel – Fleiß, Mäßigkeit, mit dem Vieh als Vieh zu leben und den Acker mit den eigenen Exkrementen zu düngen (Vers 2347 ff.) – das unnatürliche Jugendelixier, das die Hexe zusammengebraut hat; hier dient der Verweis auf die traditionelle Weise, zu Wohlhabenheit zu kommen – fleißige Bauernarbeit [9] – der Empfehlung von Mephistos spekulativer Operation, die er als Ausfluß von »begabten Manns Natur und Geisteskraft« anpreist (Vers 4896).

Das ist ein Spiel mit dem Naturbegriff, den Mephisto als moderner Naturideologe ganz ins Positive wendet, wogegen der Kanzler beim Staatsrat in karikaturistischer Simplifizierung die mittelalterliche Auffassung vertritt und Natur im Zeichen des Sündenfall sieht: »Natur ist Sünde, Geist ist Teufel« (Vers 4900). Mephisto setzt dagegen: Natur ist gut, und was der menschlichen Geisteskraft entspringt, ist dem Menschen natürlich. Trotzdem läßt Mephisto etwas vom Pferdefuß heraus, denn genau genommen ist es ja nicht die Arbeit, welche in der Fabel die Söhne des Landwirts reich macht, sondern ihr wahnhafter Glaube an den Schatz im Acker, der sie zur Arbeit veranlaßt. Und wenn er die Bodenreichtümer, wie auch immer gewonnen, eine Herde goldner Kälber nennt, malt er in Anspielung auf den Tanz der Juden ums Goldne Kalb die Fetischisierung des Reichtums an die Wand, der das Volk, zur größten Verblüffung des Kaisers, alsbald verfällt:

> So stempelten wir gleich die ganze Reihe,
> Zehn, Dreißig, Funfzig, Hundert sind parat.
> Ihr denkt euch nicht, wie wohl's dem Volke tat.
> Seht eure Stadt, sonst halb im Tod verschimmelt,
> Wie alles lebt und lustgenießend wimmelt!
> (Vers 6074 ff.)

Die Imagination steht am Anfang des Reichtums. Die geistreiche, aber taschenspielerhafte Finanzoperation bewirkt die ›Auferstehung‹ des Volkes.
Der Wirtschaftswissenschaftler Hans Christoph Binswanger hat behauptet, daß Goethe, obwohl doch nur dilettierender Nationalökonom, in seiner Faustdichtung sehr früh neben den Faktoren Arbeit und Kapital den Wirtschaftsfaktor Phantasie in seiner zentralen Rolle zur Geltung gebracht habe. Faust als Projektemacher sagt:

> (…) Der weiteste Gedanke
> Ist solchen Reichtums kümmerlichste Schranke;
> Die Phantasie, in ihrem höchsten Flug,
> Sie strengt sich an und tut sich nie genug.
> (Vers 6113 ff.)

»Narr und Phantast – so nah dem Thron« tuschelt die Menge (Vers 4952). Es scheint mir zwar überzogen, wenn Binswanger den gesamten Bereich der Magie im Faustdrama als allegorische Einkleidung der ökonomischen »Schaffung von Mehr-Werten, die nicht durch Leistung erklärt werden können«, deutet und damit das Geld als magisch-alchymistische Macht schlechthin versteht,[10] aber er hebt damit doch einen sehr wichtigen Aspekt des Werks heraus, der bis dahin vernachlässigt worden ist. Goethe sieht mit divinatorischem Blick, daß – neben einem neuen Eigentumsrecht im Gefolge der Französischen Revolution – »Papier- und Bankgeldschöpfung (…) im Laufe des 19. Jahrhunderts zum Träger der industriellen Revolution bzw. des Wirtschaftswachstums (wurden), das sich aus der industriellen Revolution heraus entwickelt hat.«[11] »Die Wertschöpfung wird um so größer, je mehr Geld in die Wirtschaft einfließt und je mehr Dinge in Geldwert verwandelt, also sozusagen in das Reich des Geldes gehoben werden. In diesem Sinne hat der Mensch tatsächlich eine demiurgische Fähigkeit.«[12] Allerdings kann letztlich – laut Binswanger – die Verwandlung der Welt, speziell der Natur, in Geld und Ware tödlich werden.

Der spezielle Grund für die Katastrophe der Papiergeldwirtschaft in der Faustdichtung liegt noch näher. Goethe stützte sich – außer auf zeitgenössische Theorien von den »dädalischen Flügeln des Papiergelds« (so Adam Smith)[13] – auf die Kenntnis der von dem Schotten John Law im zweiten Jahrzehnt des 18. Jahrhunderts in Frankreich durchgeführten Papiergeldemission, die in einen geldwirtschaftlichen Zusammenbruch mündete. Er hatte Anteil an der Destabilisierung des Ancien Régime, die schließlich in die Revolution auslief. So vollzieht sich auch die Papiergeldschöpfung in »Faust II« in einem Flammengaukelspiel. Feuer ist ein zentrales Symbol Goethes für revolutionäre Umwälzungen, speziell die Französische Revolution. Im vierten Akt erweist sich, daß die Papiergeld-Schwindelwirtschaft zum Zerfall des Reichs, zur hybriden Selbstüberschätzung des Kaisers, zum Wahn der Käuflichkeit und Verkäuflichkeit von allem und jedem geführt hat.

Bestimmend für unseren Zusammenhang ist noch etwas anderes, das in Mephistos Reden von Natur- und Geisteskraft schon anklang, und es ist gleichfalls in John Laws Finanzmanipulation angelegt. Geld beginnt – die Börse beweist es – zu fließen, indem die Einbildungskraft Gewinne oder Verluste vorwegnimmt. Schon bei Laws Spekulationen ist Natur das Feld, in dem Phantasien Realitäten erzeugen. Das Unternehmen dieses Projektemachers gewann seine Großdimensionierung, als er zur Deckung des Papiergelds Aktien einer privilegierten Handelsgesellschaft einsetzte, die sich der Entwicklung und Ausbeutung des französischen Kolonialbesitzes in Nordamerika widmen sollte. Die Erschließung nahezu unendlicher Naturräume und jungfräulicher Naturschätze war es, die zum Überschäumen der ökonomischen Imaginationen, Gefühle und Aktivitäten führte. Die Aktie der Mississippi-Gesellschaft war ein im Portefeuille disponibles Stück schöpfungsfrüher Landschaft. Die Quellen allen Lebens, von denen Faust träumt, sprudeln als liquide gemachte Natur; höchste Abstraktions- und Vermittlungsakte schlagen scheinbar in Unmittelbarkeit zur Natur um.

Genau das geschieht am Kaiserhof, wenn der Kaiser, der persönlich unreife Erbe einer langen, im Formalismus des Zeremoniells erstarrten Reichstradition, in die Rolle einer Elementarmacht gehoben wird. Er ›fängt Feuer‹ im wahrsten Sinne des Wortes, als er sich über die geöffnete Schatzkiste des Gottes Plutus beugt. Sie enthält Gold in vielerlei Gestalt, das bei Goethe elementare vitale Kräfte symbolisiert – »grün (ist) des Lebens goldner Baum« (Vers 2039). Freilich können sie in der Sphäre des Menschen durchaus ambivalent wirksam werde. Der goldne Becher des Königs von Thule deutet auf tiefste Liebesbindung; das Gold in Mephistos Schmuckkästchen für Margarete auf Liebe und Verführung. Mephisto knetet beim Aufzug des Plutus das Gold zum Phallos, und im weich-glühenden Zustand entzündet es das falsche Männlichkeitsattribut des Kaisers, den angeklebten Bart. Doch bei alledem ist dieses Gold auch wieder nur Flittergold des Mummenspiels, Plutus eine Maske Fausts, und die vermeintlich in das Fest einbrechende Brandkatastrophe erweist sich am Ende als bloßer Scheineffekt unter anderen und damit Inszenierung in der Inszenierung. In einer Art von rauschhafter Bewußtlosigkeit hat der Kaiser mit seiner Unterschrift den Kurzschluß von Scheingold und Goldscheinen vollzogen, und dieser doch nur wahnhafte Staatsakt hat weitestreichende Wirkungen ausgelöst. Der Kanzler hat den Kaiser mit dem Satz motiviert: »Gewähre dir das hohe Festvergnügen,/ Des Volkes Heil, mit wenig Federzügen.« (Vers 6069 f.). Lustbarkeit, Heilsgewährung und Volksbeglückung, Staatsumwälzung und regierungsamtlicher Federstrich sind hier in abenteuerlicher Weise verschränkt. Das Verhalten seiner Untertanen belehrt den Kaiser, daß real ist, was reale Wirkungen zeitigt: »In diesem Zeichen wird nun jeder selig.« (Vers 6082)

Hier zitiert der Text blasphemisch den Traum des Kaisers Konstantin, der ihm im Zeichen des Kreuzes den geschichtsmächtigen Sieg über seinen Rivalen Maxentius versprach. Das knüpft an Mephistos Rede von den goldnen Kälbern an. Papiergeld wird zum säkularen Heilssymbol.

In dem kontrastiv an die weitläufigen Säle der Mummenschanzszene anschließenden Spielort »Lustgarten« gipfelt beim Licht der Morgensonne die illusionistische Natursymbolik auf, die in Mephistos Reden beim Staatsakt eingeführt wurde und sich in den Naturfigurinen des höfischen Karnevals fortsetzte. Zivilisatorisch aufs äußerste verfeinertes Hofpersonal spielt dort Gärtnerinnen, Gärtner, Blumen, Holzhauer, später Gnomen, Faunen, Satyrn, den Panszug. Was an der Gesellschaft nur schmarotzt, erscheint als ihre Basis und Blüte. Das Künstlichste stellt sich als natürlichste Sache von der Welt dar. Das ist eine durchaus aktuelle Vertauschung, die sich für uns heute auffächert von ökonomischen und gesellschaftlichen Leitvorstellungen wie denen des Manchesterliberalismus oder des Sozialdarwinismus bis in alltägliche Terminologie; so wenn etwa Termini wie ›Wirtschaftswachstum‹, ›Wirtschaftsblüte‹, ›Wirtschaftsflaute‹ die Naturläufigkeit von Wirtschafts- und Finanzprozessen unterstellen.

In den Hofszenen von »Faust II« wird in umfassenden Symbolgeflechten verdeutlicht, daß die künstliche Naturblüte der Gesellschaft, der im Reichtum verheißene, alle Mängel und Irrungen aufhebende, sündelose Naturzustand des ökonomisch erzielten Paradieses eine verkehrte, doppelbödige, ja mehrfach doppelbödige Welt ist: Die kostümierten Gärtnerinnen und Gärtner bieten Natur denaturiert als Ware dar – von der Frucht bis zur Liebe. Statt des Wachstums findet sich Arrangement. Das naturhafte Prangen ist Reklame. Das Scheingold der Geldscheine ist die Potenzierung solcher Macht des Scheins. Mephisto, laut »Prolog« der Schalksnarr in der Hofhaltung Gottes, stellt am Kaiserhof dar, was er ist: den Hofnarren. Die Maske ist das Wesen. Als Narr gibt er den scheinbar weisesten Rat zur Geldvermehrung, der doch wiederum teuflisch, phantastisch und närrisch zugleich ist.

Noch einmal kommt das Motiv vom Narren als Weisen zur Geltung, wenn der auf rätselhafte Weise wiedergekehrte alte Hofnarr als einziger Staatsbürger der Finanzoperation mißtraut und sein Papiergeld im wertbeständigsten Besitz, in Grund und Boden, anlegt. Der Kreislauf der Verkehrungen ist damit geschlossen. Operiert Mephistos Finanzplan mit den im Boden verborgenen Schätzen, so läßt der Narr die illusionär gehobenen Schätze in die Realität des Bodens zurückkehren. Der Kaiser verkündet im Staatsrat das Motto der verkehrten Welt: »Geschehen ist's, so sei's getan« (Vers 4771), das die Folge von Ursache und Wirkung auf den Kopf stellt. So erweist sich: Karneval und Papiergeldprojekt gehören nicht nur als Illusionskunststücke, sondern auch als Weltverkehrung zusammen, die der Karneval, an die Saturnalien anknüpfend, ja seit alters vorführt. Und wiederum verbindet sich diese verkehrte Welt, die Weltumkehr, die Papiergeldweltrevolution, blasphemisch mit der Welterneuerung, denn verkehrte Welt ist auch ein eschatologisches Zeichen: Die Blinden sehen und die Lahmen gehen, die Aussätzigen werden rein und die Tauben hören, die Toten stehen auf, und den Armen wird die Frohe Botschaft gepredigt (Matth 11,5). Mephisto fragt den aus der Versenkung zurückgekehrten alten Narren ironisch: »Zweibeiniger Schlauch, bist wieder auferstanden?« (Vers 6162) Indem der Narr aufersteht, gibt sich die Auferstehung der durch die Geldspritze wiederbelebten Gesellschaft zu einem neuen Paradieseszustand als Narrenposse und Phantom zu erkennen.

Goethe und sein Idealpublikum, Eckermann, waren sich der Aktualität der Papiergeldepisode voll bewußt. Unterm 27.12.1829 erzählt Eckermann folgende Begebenheit: »Indem Goethe die herrliche Szene las, freute ich mich über den glücklichen Griff, daß er das Papiergeld von Mephistopheles herleitet und dadurch ein Hauptinteresse des Tages so bedeutend verknüpft und verewigt. Kaum war die Szene gelesen und manches darüber hin und her gesprochen als Goethes Sohn herunterkam und sich zu uns an den Tisch setzte. (...) Von unserer gelesenen Szene verrieten wir nichts, aber er selbst fing sehr bald an, viel über preußische Tresorscheine zu reden und daß man sie über den Wert bezahle.« Diese Tresorscheine waren unzureichend gedeckte Schatzanweisungen – die Frühform des heutigen Papiergelds. Eckermann fährt fort: »Während der junge Goethe so sprach, blickte ich den Vater an mit einigem Lächeln, welches er erwiderte, und wodurch wir uns zu verstehen gaben, wie sehr das Dargestellte an der Zeit sei.«

Der Machbarkeitswahn: der wissenschaftlich hervorgebrachte Mensch

Neben der Kritik der Ökonomie als falscher Heilsmacht steht in »Faust II« die des naturwissenschaftlich-technisch-industriellen Komplexes, und abermals nimmt sie einen manipulativen Umgang mit Natur in den Blick. Die Geldphantasie greift vor auf Gewinne und Verluste. Die in der modernen Gesellschaft entfesselte Erkenntnis- und Machbarkeitsphantasie vereinigt Vision und Kalkül zur Realisierung weit hinausliegender Innovationen, die in stabilen, lediglich auf Reproduktion des Bestehenden eingestellten Gesellschaften undenkbar sind oder aberwitzig erscheinen. Ehe man etwas Neues wollen kann, muß es erst vorstellbar sein! Die Erkenntnis- und Machbarkeitsphantasie zielt noch strenger als die ökonomische Innovationskraft auf die Verabsolutierung des Menschen, die ihn zum Produzenten seiner selbst und seiner Welt macht. Die operationale Phantasie überschlägt sich, indem auch sie einer Schimäre von Natur nachjagt.

Die Exzesse ins Neue kulminieren in zwei extremen Weisen, Natur künstlich herzustellen. Eine dieser Optionen erprobt Fausts ehemaliger Universitätsassistent Wagner, der sich inzwischen zum Professor durchgesessen hat. Da er ein Zerrbild Fausts ist, liegt von vornherein ein Geschmack von Komik in dem Unternehmen. Wagner laboriert zu Beginn des zweiten Akts in dem Studierzimmer, das ehemals Faust gehörte, an der künstlichen Produktion des Menschen. Eine Abwertung besteht wohl schon darin, daß es sich hier, so supermodern das Projekt im Zeitalter der Gentechnik scheinen mag, um einen uralten Traum der Alchymisten handelt, der für die Wissenschaft der Goethezeit antiquiert wirkte; umgekehrt kann man aber auch sagen, daß gerade die Alchymisten der beginnenden Neuzeit es waren, die in oft skurriler Weise sich an Fragen und Probleme herantasteten, die erst unter den Bedingungen der modernen Naturwissenschaften exakt formuliert und bearbeitet werden konnten. Jedenfalls gehört die dialogische Situation der Zeugung kraft Wissenschaft zu den witzigsten Partien der Faustdichtung, die Goethe als Humoristen höchsten Ranges ausweisen.

Das beginnt mit einem parodistischen Anklang an Fausts Erdgeistbeschwörung am Ende seines großen Eingangsmonologs im ersten Teil des Dramas, der ja am gleichen Ort erklingt. Wo Faust den allesbewegenden, lebensglühenden Genius der Erde herbeisehnt, sieht Wagner sich als Lebensspender, dem in Glanz und Gloria das Produkt seiner eigenen Vollmacht entgegentritt. Die Analogie geht bis in die Form. Beidemale beginnt die Erwartungsrede mit einem doppelten »schon«. Faust sagt: »Schon fühl' ich meine Kräfte höher,/ Schon glüh' ich wie von neuem Wein,« (Vers 462f.). Wagner sagt: »Schon hellen sich die Finsternisse;/ Schon in der innersten Phiole/ Erglüht es (...)« (Vers 6823ff.). Bei der Erdgeistbeschwörung bricht störend Wager ein: »O Tod! ich kenn's – das ist mein Famulus –/ Es wird mein schönstes Glück zunichte!« (Vers 518 f.) Bei der Menschenproduktion Wagners sind Faust und Mephistopheles die Störer: »Ein helles weißes Licht erscheint!/ O daß ich's diesmal nicht verliere! –/ Ach Gott! was rasselt an der Türe?« (Vers 6828 ff.).

Die anschließende Dialogpartie zwischen Wagner und Mephistopheles spielt mit dem Geheimnis der Zeugung:

> Wagner (leise). (…) Doch haltet Wort und Atem fest im Munde,
>   Ein herrlich Werk ist gleich zustand gebracht.
> Mephistopheles. (leiser). Was gibt es denn?
> Wagner (leiser). Es wird ein Mensch gemacht.
> Mephistopheles. Ein Mensch? Und welch verliebtes Paar
>   Habt ihr ins Rauchloch eingeschlossen?
> Wagner. Behüte Gott! wie sonst das Zeugen Mode war,
>   Erklären wir für eitel Possen.
>   Der zarte Punkt, aus dem das Leben sprang,
>   Die holde Kraft, die aus dem Innern drang
>   Und nahm und gab, bestimmt sich selbst zu zeichnen,
>   Erst Nächstes, dann sich Fremdes anzueignen,
>   Die ist von ihrer Würde nun entsetzt;
>   Wenn sich das Tier noch weiter dran ergetzt,
>   So muß der Mensch mit seinen großen Gaben
>   Doch künftig höhern, höhern Ursprung haben.
>   (Vers 6833 ff.)

Wagners abschätzige Beurteilung der natürlichen Zeugung, die den Menschen mit dem Tier verbindet, gerät ihm unter der Hand zur Verherrlichung dessen, was allein der Mensch durch die Spezifik seiner Selbst- und Fremderfahrung in der Zeugung wahrnehmen kann: das grundlegende Weltverhältnis des Gebens und Nehmens, das in der menschlichen Liebe seine höchste Form erreicht.

Umgekehrt wird Wagners Lobpreis der künstlichen Erzeugung des Menschen, für den er die Wissenschaftssprache der Alchymie aufbietet, unversehens zur Selbstkarikatur der Machenschaften wissenschaftlicher Hybris:

> Wagner. (…) Nun läßt sich wirklich hoffen,
>   Daß, wenn wir aus viel hundert Stoffen
>   Durch Mischung – denn auf Mischung kommt es an –
>   Den Menschenstoff gemächlich komponieren
>   In einen Kolben verlutieren
>   Und ihn gehörig kohobieren,
>   So ist das Werk im stillen abgetan.
>   (Zum Herd gewendet.)

> Es wird! Die Masse regt sich klarer!
> Die Überzeugung wahrer, wahrer:
> Was man an der Natur Geheimnisvolles pries,
> Das wagen wir verständig zu probieren,
> Und was sie sonst organisieren ließ,
> Das lassen wir kristallisieren.
>   (Vers 6848 ff.)

Rhetorische Verdoppelung und Steigerung der Kernvorstellungen von der Selbsterhöhung des Menschen in der Manipulation seines Ursprungs und vom Wahrheitszuwachs seiner wissenschaftlichen Überzeugungen lassen das Kunstleben zum Gegenstand der Redekunst werden, die wiederum unwillkürlich in ihrer Wortwahl das Menschliche zum Rohstoff erniedrigt, indem sie von »Masse«, »Menschenstoff«, »Mischung« spricht und die Selbstorganisation der Organismen auf die niedrigere Stufe der Strukturierung von Kristallen zurückführt.

Das Wort »Überzeugung« gewinnt im Zusammenhang der wissenschaftlichen Reproduktion des Menschen den lustigen Nebensinn, daß Wagner hier aus Überzeugung eine ›Über-Zeugung‹ vornimmt. Ganz beiläufig kommt schließlich des Pudels Kern heraus: »Doch wollen wir des Zufalls künftig lachen,« (Vers 6868). Ein Halbgott im Weiß des Laboratoriumskittels sieht sich als Gott in Weiß, der entschlossen Anfang und Ziel in die Hand nimmt und der totalen Planung unterwirft. In der Kritik eines Alchymistentraums formuliert sich eine Radikalkritik leitender Tendenzen unserer Gegenwart. Aldous Huxleys »Brave New World« hat den Zusammenhang von genetischem Eingriff und Planungsdiktatur thematisiert; Orwells finsterer Zukunftsroman »1984« hat die Liquidation des ›Zufalls‹ Liebe als letzte Konsequenz des Systemterrors vorgeführt. Der planmäßig hervorgebrachte Mensch wäre das Grundelement und der Schlußstein einer durchgeplanten Welt.

Zwei weitere sehr ernsthafte Aspekte des Wagnerschen Unternehmens sollten nicht übersehen werden: Daß gerade der durch Vitalitätsmangel gekennzeichnete Stubengelehrte Wagner es unternimmt, künstlich ein Menschlein herzustellen, das er auf natürliche Weise wahrscheinlich nicht erzeugen könnte, deutet darauf, daß hinter dem Vermögen des Menschen, seine Welt und sich selbst auf Ziele hin zu entwerfen, auch ein Mangel an vitaler Bestimmtheit steht – die wohlbekannte anthropologische These vom Menschen als Mängelwesen ist hier avant la lettre in Szene gesetzt. Und weiter ist bemerkenswert, daß Homunculus in einer gläsernen Hülle hervortritt. So wird am künstlichen Menschen sichtbar, was menschliche Lebensbedingung und Versuchung zugleich ist: in einer selbstgemachten künstlichen Welt, einem sekundären System sich einzurichten, die gegen das Elementare abgedichtet sind.

Doch Homunculus entzieht sich seinem Planer, dessen Urheberschaft ohnehin stark in Zweifel gezogen werden muß. Denn wie Wagner Fausts Assistent war, hat er nun selber einen Assistenten; dessen Name Nikodemus erinnert an jenen frommen und gelehrten Juden, zu dem Christus vom Geheimnis der geistigen Geburt und vom Wind gesprochen hat, der weht, wo er will (Joh 3, 1 ff.). Der Wind des Geistes hat wohl auch bei der Geburt des Homunculus geweht, ohne daß der wirklichkeitsblinde Verstandesmensch und Lebensperfektionist Wagner es bemerkt hätte – der Wind des schöpferischen göttlichen Geistes, der zugleich der Geist der Liebe ist. Deshalb ist Homunculus eine Intelligenz, die dazu fähig ist, ihre Begrenztheit zu durchschauen: ihren Mangel an Lebensteilhabe. Homunculus fühlt sich zu Recht nur halb lebendig und macht sich deshalb auf den Weg, um volle Wirklichkeit zu suchen.

Er gewinnt sie in der herrlichsten Liebesfeier der deutschen Literatur am Ende der »Klassischen Walpurgisnacht«, indem er seine gläserne Phiole am Muschelwagen der Liebesgöttin Galatea zerschellen läßt und sich den Rhythmen überantwortet, aus denen auch der Mensch lebt. Einatmen und Ausatmen, Stirb und Werde, umfangend umfangen, Geben und Nehmen (selbst Wagner hat die Formel aussprechen müssen!) heißen sie bei Goethe. Die Muschel, auf die Galateas Muschelwagen hindeutet, ist ein Ursymbol des weiblichen Schoßes. Was Homunculus erlebt, ist die Hingabe des Mannes im Orgasmus, der kaum noch einmal so überwältigend, verhüllt-unverhüllt in Sprache überführt worden sein dürfte wie hier. Symbolisch gesehen, ist diese Hingabe der Kontrapunkt zu Fausts verkrampfter Egozentrik:

> Nereus. (...)
>   Was flammt um die Muschel, um Galatees Füße?
>   Bald lodert es mächtig, bald lieblich, bald süße,
>   Als wär' es von Pulsen der Liebe gerührt.
> Thales. Homunculus ist es, von Proteus verführt ...
>   Es sind die Symptome des herrischen Sehnens,
>   Mir ahnet das Ächzen beängsteten Dröhnens;
>   Er wird sich zerschellen am glänzenden Thron;
>   Jetzt flammt es, nun blitzt es, ergießet sich schon.
> Sirenen. Welch feuriges Wunder verklärt uns die Wellen,
>   Die gegeneinander sich funkelnd zerschellen?

> So leuchtet's und schwanket und hellet hinan:
> Die Körper, sie glühen auf nächtlicher Bahn,
> Und ringsum ist alles vom Feuer umronnen;
> So herrsche denn Eros, der alles begonnen!
> (Vers 8466 ff.)

Thales von Milet, der große Gelehrte, ein Mann des Geistes *und* der Begeisterung, ist es, der den Vorgang zu deuten und zu feiern fähig ist und einstimmt in den gewaltigen Hymnus des Lebens, in dem sich die Gestalten der »Klassischen Walpurgisnacht« zusammenfinden. Die Liebe, die dem Menschen wiederfährt, ist das letzte Wort der Faustdichtung, nicht die Tat oder die Kraft oder das Streben oder der Sinn oder der Plan oder das Experiment. Anfang und Ende des zweiten Akts spiegeln sich ineinander. Wagners ›Über-Zeugung‹ ist in der zugleich kulturhaften und naturhaften »Klassischen Walpurgisnacht« das Fest der Zeugung und der Liebe entgegengestellt, das seinerseits vorweist auf den alle Planungen, Berechnungen und Normierungen, auch Pakt und Wette übersteigenden Triumph der Liebe im Erlösungsendspiel. Der Mensch, mag er, wie Wagner, noch so entschlossen das Geheimnisvolle der Natur im verständigen Probieren aufzuheben versuchen, verdankt sich diesem Geheimnis.

Der Machbarkeitswahn: die technisch hervorgebrachte neue Schöpfung

Faust greift noch weiter aus als sein ehemaliger Famulus. Im letzten Akt des Dramas zieht er aus seiner Grundrichtung, alle Bedingungen der Existenz zu sprengen, die äußerste Konsequenz: Er gebärdet sich als Schöpfer einer neuen Welt und Heilsträger der Völker. Die ihm von Mephistopheles angebotene Rolle als absolutistischer Herrscher und Genußmensch nach dem Vorbild deutscher Duodezfürsten des 18. Jahrhunderts lehnt er voll Verachtung ab und läßt sich vom Kaiser, dem er mit magischen Mitteln zum Sieg über seinen Rivalen verholfen hat, »des Reiches Strand« (Vers 11036) verleihen. Durch ein gewaltiges Kolonisationsunternehmen soll im größten Maßstab Neuland gewonnen werden: »Das Land ist noch nicht da, im Meere liegt es breit« (Vers 11039). Daß Faust sich nicht mit reichen Ländereien belehnen läßt, die von ungetreuen Lehensleuten nach dem Sieg des Kaisers an diesen zurückgefallen sind, und statt dessen menschlichen Lebensraum durch Trockenlegung des Meeres zu schaffen unternimmt, ist ein Versuch, den Boden der Geschichte zu verlassen, aus der Geschichte als einer ewigen Kette von Ereignissen auszubrechen, von denen jedes als Folge eines anderen abermals Folgen nach sich zieht. Der erste und der vierte Akt von »Faust II« haben alles getan, um im leeren Pomp des Kaiserhofs und im Gespenstischen der Machtkämpfe den Aspekt der Sinnlosigkeit, der leeren Mechanik und zugleich der letztendlichen Zufälligkeit hervortreten zu lassen, den der Geschichtsverlauf annehmen kann. Wagners Hoffnung, des Zufalls künftig zu lachen, den absoluten Anfang in die Hand zu nehmen, wird von Faust aus dem Bereich der Biologie in den der Geschichte hinübergespielt.

Das erinnert nicht von ungefähr an das Thema des anderen Großdramas der deutschen Klassik: der Schillerschen Wallensteintrilogie. Auch der Politiker und Feldherr Wallenstein möchte, sogar unter Einsatz der Himmelskunde, des Zufalls lachen. Er handelt nicht, weil er alle Bedingungen und Folgen des Handelns in die Hand zu bekommen versucht, und wird deshalb von den geschichtlichen Abläufen verschlungen. Wallensteins Lager, in dem er alle seine Truppen zusammenzuziehen sich bemüht, ist das ebenso vergebliche wie überhebliche Unternehmen, einen archimedischen Punkt außerhalb des Kräftespiels der geschichtlichen Mächte zu gewinnen, die historischen Ereignisfolgen in seiner eigenen Machtfülle zum Stillstand zu bringen. Historische Wirklichkeit soll in absolute Möglichkeit überführt werden. Auch hier geht Faust bis zum letzten: Er versucht tatsächlich die Neuschöpfung.

In Goethes Roman »Wilhelm Meisters Wanderjahre« wird eine Gesellschaft hervorragender Menschen dargestellt, die in die ›Neue Welt‹ Amerika auswandern wollen, und überhaupt ist Amerika, vor allem seit dem Unabhängigkeitskrieg, ein Objekt kollektiver Wunschphantasien als Land der Freiheit und unbegrenzter Möglichkeiten. Goethes Dramenheld überbietet noch das durch den Traum von einer tatsächlich neuen Welt. Der absolute Anfang einer anderen Menschengeschichte soll gesetzt werden, und Faust will es sein, der das tut.[14] Gewiß behält der 5. Akt eine Realitätsschicht bei, die Fausts Unternehmen de facto begrenzt, aber durchgehend sind die dialogischen und symbolischen Aufladungen des Texts, die den alle Grenzen sprengenden Anspruch des Helden vergegenwärtigen.

Der letzte Dramenakt zeigt Faust, den Landschöpfer, im höchsten Alter. Er solle jetzt »gerade hundert Jahre alt sein«, hat Goethe am 6. Juni 1831 zu Eckermann gesagt: Schon mit dieser Zahl seiner Lebensjahre hat Faust das menschliche Maß gesprengt; selbst seine Biologie ist maßlos. Sein Imperium scheint vor dem Abschluß zu stehen. Seine Erde vereinigt auf sinistre Weise verkehrstechnische Durchrationalisierung und ästhetische Herrschaftsrationalität des Französischen Parks. Sie ist eine Kunstlandschaft, in deren Zentrum er residiert. »So sprich, daß hier, hier vom Palast/ Dein Arm die ganze Welt umfaßt«, schmeichelt ihm Mephisto (Vers 11225 f.). Ein weiter Ziergarten umgibt die Residenz. Ein großer, gradgeführter Kanal ist das Symbol des neuesten Standes der Verkehrstechnik, denn Kanäle bedeuteten gegenüber den gewundenen Straßen der älteren Zeit, auf denen nur geringe Warenmengen umständlich befördert werden konnten, einen enormen Fortschritt des Verkehrswesen. So war Goethe auch als Zeitgenosse von den großen Kanalbauplänen, die erst lange später verwirklicht wurden – der Suezkanal und der Panamakanal –, fasziniert.

Fausts Kanal ist vom offenen Meer bis an den Palast herangeführt und erlaubt die Anlandung größter Lasten und Güter. Seine Schiffe machen ihn zum globalen Mittelpunkt, denn sie bringen ihm, laut szenischer Anweisung, unter Leitung Mephistos die Schätze »fremder Weltgegenden«. Gemäß den Bräuchen des Frühkapitalismus sind in der Flotte räuberische, kriegerische und händlerische Zwecke miteinander vereinigt. In den Worten Mephistos mit einer zynischen Trinitätsanspielung gesagt: »Krieg, Handel und Piraterie,/ Dreieinig sind sie, nicht zu trennen.« (Vers 11187 f.) Deren Erfolge ergeben eine exponentialen Akkumulation des Reichtums: »Nur mit zwei Schiffen ging es fort,/ Mit zwanzig sind wir nun im Port.« (Vers 11173 f.) Das große historische Schlagwort von der Freiheit der Meere wird von Mephisto mit dem noch größeren von der Freiheit des Geistes verbunden – »Das freie Meer befreit den Geist« (Vers 11177) – und als ideologische Verbrämung der Skrupellosigkeit lächerlich gemacht. In handgreiflicher Weise werden so die brutalen Züge einer entfesselten Erwerbswirtschaft herausgestellt, hundert Jahre vor Bertolt Brechts »Dreigroschenoper«, deren Held Macky Messer als Kapitalist Räuber und als Räuber Kapitalist ist. Auch wenn ihm sein teuflischer Kumpan »hohen Sinn« bescheinigt (Vers 11231); Fausts Schöpfung ist expansiv und aggressiv, keine Friedenswelt für viele, vielmehr *sein* »Hochbesitz« (Vers 11156), der ihn erhöhen soll. Er ist Fürst, Ökonom, Kriegsherr, Pirat und Umweltingenieur in einem.

Und doch ist seine Allmacht nur scheinbar. Von vorn herein deutet sich an, daß die erstrebte Unbedingtheit, die »allgewaltige Willens Kür« (Vers 11255) nicht gewonnen, der »Weltbesitz« (Vers 11242) begrenzt, damit das Projekt Neue Welt zum Scheitern verurteilt ist. Es ist schon dadurch diskreditiert, daß – im Gegensatz zur göttlichen Schöpfung allein durch das Wort – Fausts Entwürfe Helfer brauchen, die sie realisieren, daß es der Mittel, der Vermittlungen bedarf, um seine Zwecke zu erreichen. Damit tut sich die bekannte Zwickmühle von Zweck und Mittel auf, die so charakteristisch ist für alle menschlichen Aktivitäten. Die vermeintliche Weisheit: Der Zweck heiligt die Mittel – oder, in den Worten Mephistos, »Man fragt ums *Was*, und nicht ums *Wie*« (Vers 11185) – wird von vorn herein durch Fausts Mittel diskreditiert; denn er benötigt teuflische: er benötigt den Teufel als Mittel. Der verfolgt eigene Zwecke, für die er weitere Mittel beizieht. Das Endglied sind die »drei gewaltigen Gesellen«, allegorische Figuren aus dem Alten Testament, die bereits im vierten Akt schlachtentscheidend als Kampf- und Raubmaschinen auftreten und deren Name alles sagt. Sie heißen Raufebold, Habebald, Eilebeute – Leute, die sich denn wiederum verselbständigen und einen drohenden Unterton anschlagen: »Wir alle fordern/Gleichen Teil.« (Vers 11203 f.)

Größer als diese nur leise sich andeutende innere Bedrohung der Herrschaft Fausts ist eine andere, übergreifende: Während Mephisto in seiner Tirade auf Fausts Erfolge vom gegenwärtigen Standpunkt der beiden, dem Zentrum der Landschaft, dem Palast, ausgeht, um den Progreß so recht bildkräftig auszumalen, ergibt sich gerade hier der Haken, an dem sich Fausts Ungenügen festfrißt. »Von hier aus -« hebt Mephisto an, aber Faust fällt ihm ins Wort (Vers 11233 f.): »Das verfluchte *Hier*!/ Das eben, leidig lastet's mir.« Faust meint ein bestimmtes »Hier«, wie sich gleich zeigen wird; aber darüber hinaus klingt etwas Grundsätzliches an, dem er ausgeliefert ist: die Bindung des Menschen im Hier und Jetzt, seine Bedingtheit in Raum und Zeit, der er nicht entkommen kann, seine Bedingtheit überhaupt. Alles ist fast vollendet; als letzte ›Kleinigkeit‹ bleibt der Abschluß des Werks durch die Trokkenlegung eines Sumpfes zwischen Gebirge und Neuland. Faust reckt sich aus: »Das Letzte wär' das Höchsterrungene« (Vers 11562) – eben weil er ahnt, was er nicht wissen will: daß das Letzte dem Menschen versagt ist. Sein Tun ist Stückwerk, bleibt noch in allen Bemühungen der Zukunftssicherung ›Provisorium‹.

Womit der »faule Pfuhl« alles »schon Errungene« für Faust »verpestet« (Vers 11560ff.), ist der Hauch der Vergänglichkeit und Gebrechlichkeit, der durch die unabschließbare Lücke ins bodenlose Menschenwerk eindringt. Ihm ist der Pseudoschöpfer auch in seiner neuen Welt ausgesetzt. Und wenn er sich noch so sehr erhöht, er hat – schon körperlich – keine Umsicht: »Vor Augen ist mein Reich unendlich,/ Im Rücken neckt mich der Verdruß,« (Vers 11153f.). Der Rücken ist das gefährlichste Einfallstor des Unvorhersehbaren. Nie hat der Mensch den Rücken frei. Der Absolutist Faust ist nicht absolut. Und weil er nicht absolut ist, wünscht er sich: »O! wär' ich weit hinweg von hier!« (Vers 11162). Da er nicht alles besitzt und beherrscht, ist ihm alles nichts; da seine Wünsche immer weiter greifen, ist jede Wunscherfüllung nur das Sprungbrett zu weiteren Wünschen und Zielen, entsteht auch im Bereich der Glücksgüter des Lebens ein gnadenloses Zweck-Mittelverhältnis.

So klingt der Wunsch des »Chorus« wie bitterer Hohn und ist es auch: »Glückan dem Herren,/ Dem Patron!« (Vers 11169f.) Faust, der schon auf Grund seiner Wette mit dem Teufel gar kein Glück kennen darf, lebt hier in der spezifischen Glücklosigkeit des Kapitalisten, dem die Konkretheit der Güter zur Abstraktion des Kapitals verblaßt. In der Form der Kapitalanlage hat es keinen anderen Wert, als neues Kapital zu hecken und neue Kapitalgewinnmöglichkeiten zu erschließen, so daß am Ende von den Schätzen der Welt nur Summen, von den Qualitäten nur Quantitäten übrigbleiben. Das ist die Tödlichkeit der Verwandlung der Welt in Kapital, von der Binswanger spricht. Während die Phantasie vorauseilt, verdorrt die Erfahrung. Der Chorus nennt Faust »den Patron« und verwendet damit das Fachwort für den Schiffseigner, aber es hat den anrüchigen Nebensinn, auch einen ›sauberen Patron‹ zu bezeichnen, der alle Welt, hier sogar sich selbst, betrügt.

Er tut es, weil er Menschen und Dinge und Situationen um ihr in sich ruhendes Dasein, um ihr Recht in sich, bringt. »Wie Stank« ist ihm das angelandete kostbare Gut der Schiffe (Vers 11192), kein Wort und keinen Blick hat er dafür. Der Pesthauch des Sumpfes, der Fausts Welt von außen verschlingen wird, wabert von vorn herein auch in ihrem Inneren. In der Paktszene spekuliert Mephisto noch über den Zuwachs an Kraft und Genußchancen, der im Geld steckt.

> Wenn ich sechs Hengste zahlen kann,
> Sind ihre Kräfte nicht die meine?
> Ich renne zu und bin ein rechter Mann,
> Als hätt' ich vierundzwanzig Beine.
> (Vers 1824 ff.)

Der Faust schon damals nicht überzeugende, trügerische Schein der Weltaneignungs- und Selbstübersteigungsmöglichkeiten mit Hilfe des Geldes ist nun gründlich vergangen. Schon das Papiergeldprojekt hat gezeigt, wie weit der Vermittlungsweg zwischen Zahlungsmittel und äquivalentem realen Gut geworden ist. Jetzt hat sich der Geldwert vor die Genießbarkeit der Welt geschoben; er hat sie verstellt.

Dementsprechend werden Kisten, Kasten und Säcke ungeöffnet weggeschafft – ein Sachverhalt, dessen Bedeutung erst im Zusammenhang der Goetheschen Zentralsymbolik des geöffneten bzw. geschlossenen Kastens oder Kästchens völlig deutlich wird: Immer wieder nämlich in Goethes Werk gibt es entscheidende Situationen, in denen sich die Hingabe des Menschen an den vollen und gewiß auch problematischen Reichtum des Lebens im Öffnen eines verschlossenen Behälters darstellt. So tritt etwa Gretchen mit dem Aufschließen des von Mephisto lancierten Schmuckkästchens in den Raum der Lebensfülle ein – von der Verführung bis zu Liebe, Verbrechen und Treue –, und auch an den Kaiser, der sich über die geöffnete Goldkiste des Plutus beugt, ist zu denken. Faust nimmt die Fülle der Dinge, die Fülle des Daseins nicht mehr an; er nimmt sie nicht einmal mehr wahr. Das äußerste, was Mephisto der Schiffsbesatzung in Aussicht stellen kann, ist bei der späteren »reichen Schau« der zur Besichtigung geordneten Beutestücke nicht die wirkliche Anschauung und Inbesitznahme als Ingebrauchnahme, sondern nur die genaue Berechnung des Ertrags. Dann »berechnet er alles/ Mehr genau,« (Vers 11211 f.). An Faust zeigt sich hier eine pathologische Verzerrung der Gesinnung, die später Max Weber als »innerweltliche Askese« bezeichnet und zum gewichtigen Faktor der Entwicklung der kapitalistischen Gesellschaft erklärt hat.

Die Beseitigung der Gegebenheiten von Natur und Geschichte

Im Speziellen meint Fausts Überdruß am »verfluchten *Hier*« einen kleinen Zipfel alten Landes, der in sein dem Meer abgewonnenes Neuland hineinragt. Ihn will er haben. Der von Faust begehrte Grund gehört einem Paar sehr alter Leute, Philemon und Baucis, aber sie sind ganz anderer Art als der uralte, nicht klug werdende Neuerer Faust. Ovids Metamorphosen erzählen,[15] daß der oberste Gott Juppiter, von Merkur begleitet, die Menschen prüfte, indem sie beide als Wandrer bei ihnen erschienen und sie um Gastfreundschaft baten. Alle bis auf das arme alte Ehepaar Philemon und Baucis schlugen die Bitte ab, und so wurden die Menschen vom Sumpf verschlungen, die beiden Wohltäter aber gerettet und zu Hütern eines glänzenden Tempels bestellt. Nach ihrem Tode verwandelte sie der Gott in zwei nebeneinanderstehende Bäume, deren Blätterrauschen wie ein flüsterndes, vertrautes Gespräch wirken kann. Bei Goethe ist die Konstellation dadurch abgewandelt, daß sich über der Hütte von Philemon und Baucis von vorn herein mächtige Linden wölben, die seit alters, wegen ihrer herzförmigen Blätter, als Bäume der Liebe gelten. Die beiden Landleute beherbergen nicht, wie bei Ovid, Wandrer, sondern einen Schiffbrüchigen, den sie aus Seenot gerettet haben. Ihr Besitz ist ja Altland am Meer. Während bei Ovid am Ende das Land umher im Sumpf versinkt, wird hier umgekehrt anfangs das angrenzende Meer zurückgedrängt und in Land verwandelt, der Sumpf trockengelegt.

Im geretteten Schiffbrüchigen, der nun die Alten besucht, hat die Forschung den schiffbrüchigen Apostel Paulus erkennen wollen, der missionierend rings ums Mittelmeer das Christentum als Religion der Liebe und Mitmenschlichkeit verbreitete.[16] Mephistopheles hingegen bezieht sich auf eine Geschichte aus dem Alten Testament mit dessen Botschaft von der Gerechtigkeit Gottes. Es ist die Episode vom bösen König Ahab, der seinem Nachbarn und Untertanen Naboth dessen Weinberg raubt. Der König glaubt ihn zur Arrondierung des eigenen Landbesitzes nötig zu haben, aber der Eigentümer verweigert Verkauf oder Tausch mit dem Argument: »Das lasse der Herr fern von mir sein, daß ich dir meiner Väter Erbe sollte geben!« Ahab läßt zu, daß die skrupellose Königin den Naboth durch eine falsche Anklage zu Tode bringt, wofür der König von Gott mit allen seinen männlichen Nachkommen ausgerottet wird. Goethe hielt diese Anspielung für so wichtig, daß er sie im Text am Rand vermerkte »(Regum I, 21)«.

»Vor fremdem Schatten schaudert mir,« begründet Faust seinen Zugriff auf den Besitz der Alten (Vers 11160). Schauder meint bei Goethe eine Elementarerschütterung in der Tiefe der Person. Sie gründet letztendlich darin, daß mit dem Gütchen von Philemon und Baucis der Schatten der Geschichte unentrinnbar auf Fausts Kolonialland fällt. Auch darin sieht er sich grundsätzlich in Frage gestellt. Philemon und Baucis stehen für das Überkommene, die Ordnung der Väter. Sie repräsentieren die genügsame und harmonische Einfügung des Menschen ins Gewachsene. Daß das im weitesten Sinne gilt, erweist sich durch die literarischen Bezüge auf Antike und Bibel, *die* geistige Erbschaft also, in der Europa ruht. Auch für die Darstellung des in Philemon und Baucis heraufgerufenen, in die Natur eingesenkten Lebens hat schon die antike Literatur eine eigene Gattung und Darstellungsweise erfunden: die Idylle, in ihrer Mitte die Hütte als ihrer ländlichen Umgebung angeschmiegte, bescheidene Wohnung. Sie steht im Gegensatz zu Fausts Palast.

Damit beginnt eine weitere literarische Anspielung zu sprechen. Die Opposition von Hütte und Palast bezeichnet sowohl in biblischer wie in klassisch-antiker Tradition den Kontrast zwischen der blendenden, doch stets bedrohten Majestät des Herrscherlebens zu der ruhigen Bescheidung des kleinen Mannes abseits der Schaltstellen der Macht. In der Französischen Revolution wird dieser bis dahin statische Gegensatz dynamisch und revolutionär in der Parole: Friede den Hütten, Krieg den Palästen![17] Im Faustdrama wird die Hütte vom Palast her mit Machtansprüchen bedroht – »Wie er sich als Nachbar brüstet,/ Soll man untertänig sein« (Vers 11133 f.) –, schließlich bekriegt und vernichtet. Der Palast hat dabei seinen Charakter gegenüber der Tradition verändert. In der Zusammenführung von Palast, Kanal und Stapelplatz offenbart sich die Neuartigkeit von Fausts Herrschaft als Diktatur, die politische, gesellschaftliche, ökonomische und technische Gewalt in einer Person vereinigt und dabei eine bisher ungeahnte Spreng- und Zerstörungkraft entfaltet.

In der Hütte sind die Menschen umfriedet, aber nicht beschränkt. Das festzuhalten ist wichtig. Vom Grund der Alten aus hatte man Aussicht aufs »grenzenlose Meer« (Vers 11076), dem sie lebenslänglich standgehalten haben. Aussagekraft liegt auch im szenischen Aufbau: Am Anfang des fünften Akts, noch ehe Fausts Machtsphäre vorgeführt wird,

ist der Lebensraum der Alten entfaltet. Von ihnen her kommt Faust in den Blick, noch ehe er sein haltlos besitzgieriges Auge auf sie richtet. Auch dramentechnisch ist durch den Aktanfang Fausts Anspruch auf einen absoluten Anfang unterlaufen. »Offene Gegend« ist die Überschrift der Philemon- und Baucis-Episode, wogegen der erste Spielort des ins Grenzenlose zielenden Faust im fünften Akt als ganzer »Palast« heißt, also auf einen geschlossenen Raum bezogen ist. Auch in seinen Totalitarismus kann der Mensch wie in ein Gehäuse, und sei es ein prächtiges, eingeschlossen sein.
Philemon und Baucis waren, bevor sie so alterten, tatkräftig – wie die Erinnerung des ehemaligen Schiffbrüchigen zeigt –, wenn auch nur im Rahmen des ihnen Geläufigen und Vertrauten. Sie sind Bewahrer, nicht Veränderer, aber doch Träger ehrwürdiger Werte. Der alte Faust ist einsam und ohne Bedürfnis nach menschlicher Nähe. Die Menschen interessieren ihn nur noch in der Fernsicht als Gattung, nicht mehr im einzelnen. Sein Dialogisieren beschränkt sich auf Geisterstimmen. Die Wechselrede mit Mephisto ist weitgehend ein Aneinandervorbeireden. Wie Faust monologisierend erstmals erscheint, entschwindet er zuletzt im Monolog. Philemon und Baucis dagegen sind nach außen und untereinander ›aufgeschlossen‹, zeigen Gastfreundschaft und wechselseitige liebevolle Zuwendung. Empfang eines Besuchs, Begrüßung, Gespräch, Tischgemeinschaft als Grundform und – im Abendmahl – höchste Erscheinung menschlicher Gemeinschaft sind die Situationen, in denen sie auftreten. Der Gegensatz zwischen der von ihnen repräsentierten Weise der Mitmenschlichkeit im Nahbereich menschlichen Zusammenlebens und der ›Unmenschlichkeit‹ der neukonstituierten Faust-Sphäre ist schneidend und läßt ahnen, wie arm und kalt die Welt werden kann, wenn die Moderne die der Geschichte und dem Gewachsenen verpflichtete Lebensform preisgibt, abschnürt und vernichtet.
So ist das Kirchlein auf dem Land der Alten mit seinem »verfluchten Bim-Baum-Bimmel,/ (...)/ Vom ersten Bad bis zum Begräbnis« (Vers 11263 ff.) Zeichen einer guten Tradition, die Mephisto mit diesen Worten schlechtmacht. Wie häufig in der Faustdichtung schleicht sich Mephistopheles auch hier virtuos in Fausts Fühl- und Denkweise ein, indem er sie überdreht. Die letzten Worte, die Philemon spricht, sind ein Aufruf zum Vertrauen in den »alten Gott« (Vers 11142). Das ist nicht der Gott des Alten oder gar Veralteten. Es ist der alte Gott, weil er schon immer war und immer sein wird.[18] Er ist sogar der kommende Gott, und

damit steht eine weitere Gerichtsdrohung über Fausts hybrider Schöpfung. In der Vision des Propheten Daniel vom eschatologischen Gottesreich heißt der herrschende und richtende Gott, der christlich durchgehend als Vorweisung auf den wiederkehrenden Christus aufgefaßt worden ist, »der Alte« (Daniel 7, Verse 9, 13, 22).

Trotzdem ist deutlich, daß in der Gebrechlichkeit von Philemon und Baucis und ihrer Wohnung die Ordnung der Väter selbst alt und hinfällig geworden und damit zum Untergang bestimmt ist. Dem entspricht, daß die Idylle, üblicherweise als Beharrungs- und Überwinterungsform naturnaher Kulturformen gegen die Wandlungen der Geschichte gestellt und abgeschirmt, hier geschichtlich und darin vergänglich erscheint. Infolgedessen geht der Angriff des Faustischen Systems im Namen der Naturperfektionierung gleichzeitig gegen Natur und Geschichte als Mächte des Herkommens. Das ändert nichts daran, daß auch diese auf Depotenzierung der Geschichte gerichtete Tendenz ihrerseits geschichtlich situiert und begründet ist, und zwar genau in der Situation der Zeitenwende von der statischen Gesellschaft Alteuropas zur industriellen Revolution.

Jedoch auch die Überlegung, daß Fausts Stoß lediglich den Sturz des Veraltenden vollzieht und damit vollstreckt, was an der Zeit ist, muß wieder eingeschränkt werden, denn Faust bedrängt nicht nur die beiden Alten und ihr »morsches Kirchlein« (Vers 11158), sondern auch, freilich ungewollt, den sie besuchenden Wandrer, dem sie einst das Leben gerettet haben und der nun bei der Verteidigung der Wohnstätte des Paars fällt. Dieser Wandrer ist offensichtlich rüstig; er repetiert zudem – als Wandrer – eine der zentralen anthropologischen, durch den Dichter nicht historisch relativierten Symbolfiguren des Goetheschen Gesamtwerks. Seit der Frühzeit stellt Goethe im Motiv von Wandrer und Idylle Geist und Natur einander polar gegenüber. Der Wandrer steht für Expansion, Aufbruch, geistige Durchdringung, Unruhe, kurz das, was wir früher als anthropologische Veränderungsenergie bezeichnet haben; die Idyllenfigur steht für Ausgewogenheit, Gefühl, Bindung und Beharrung. In der Goetheschen Symbolik der Geschlechter, die nicht mit einer empirischen Beschreibung der Geschlechter und des Geschlechterverhältnisses verwechselt werden darf, tendiert der Mann zum Wandrer, die Frau zur naturhaften Idyllenfigur. So ist auch Baucis fester und sicherer in der gemeinsamen Idyllensphäre begründet als Philemon. Die Frau und Mutter ist Natur, so wie die Natur Mutter ist. Außer sich, dissonant und sehnsuchtsvoll umkreist der Mann deutend die Frau – Mutter Natur, die intensiv, harmonisch und bei sich ist.

Durch das gesamte Faustdrama erscheint Faust, auch in seiner Selbstdeutung, immer wieder als der Wandrer, »der Unbehauste« (Vers 3348), der Ruhelose. Durchgehend stilisiert er sein Verhältnis zu Margarete, die er im »Hüttchen« ansiedelt (Vers 3353; vgl. Vers 2708), im »Garten« trifft und im »Gartenhäuschen« küßt, nach dem Muster von Wandrer und Idylle, Geist und Natur. »Ich bin nur durch die Welt gerannt«, sagt er rückblickend im fünften Akt (Vers 11433), um sich nun zu einem gemessenen Weiterschreiten zu bekennen. In Wirklichkeit aber ist Faust ungeduldig wie eh und je, nur daß seine Ungeduld jetzt in einen grenzenlosen Tatwillen umgeschlagen ist, wogegen seine Praxis bisher, trotz des verbalen Bekenntnisses zur Tat, vorab auf unendliche Erfahrung eingestellt war. Schon diese war in ihren Folgen verheerend – so für Gretchen. Als zum äußersten entschlossener Täter aber tritt Faust aus der Polarität von Wandrer und Idylle insofern aus, als nun beide Dimensionen des Menschlichen, der Wandrer zusamt der Idylle, der Negation und damit der Vernichtung verfallen, genauso, wie Faust im Bezirk von Philemon und Baucis zugleich Idylle und Geschichte negiert. Wenn er nach der Vernichtung der Gretchenidylle zum zweiten Mal im Drama eine Idylle zugrunde richtet, wiederholt Faust sich nicht nur, sondern er überbietet sich.

Keine Verurteilung der Faustischen Weltneugründung kann schärfer sein als das Verstummen des weltläufigen und welterfahrenen Wandrers, der vorwärts auf die Düne schreitet, um das »grenzenlose Meer« zu schauen (Vers 11076) und angesichts dieses uralten Gottessymbols betend der einstigen Rettung zu gedenken. Was er, von Philemons verharmlosender, idyllisierender Schilderung berieselt, statt des grenzenlosen Meers erblickt, ist Fausts unrettbar verlorenes, grenzüberschreitendes, flurbegradigtes, kanaldurchzogenes Agrarindustriegebiet. Weil er versteht und einzuschätzen weiß, was ihm schlagartig ins Gesicht fällt, verschlägt es ihm die Sprache und den Appetit. »Bleibst du stumm? und keinen Bissen/ Bringst du zum verlechzten Mund?« fragt ihn Baucis besorgt (Vers 11107 f.), nachdem sie zu dritt am Tisch Platz genommen haben, und abermals verharmlost Philemon, indem er das Schweigen als Zeichen der Erwartung deutet, die nun Baucis durch einen Entstehungsbericht über diese wunderbare Neuerscheinung erfüllen kann. Bei Ovid ergeht zuletzt ein Götterspruch. Der Wandrer hier gibt keinen Kommentar zu Baucis' beunruhigenden Neuigkeiten. Er geht sprachlos entsetzt seiner baldigen Ermordung durch Fausts Schergen entgegen. Das sagt um so mehr, als der Wandrer immer wieder bei Goethe als weltdeutende, durch seine Außenperspektive idyllenkonstitutive Figur auftritt. Jetzt erlischt diese Stimme. Das ist der Endpunkt des Wandrermotivs bei Goethe. Der Rest ist Schweigen.[19]

Indem Fausts Attacke mit der Idylle auch den besuchenden Wandrer aus dem Weg räumt, beseitigt er tendenziell die Möglichkeit der polaren Ergänzung von Geist und Natur, innerhalb derer eine harmonische Entwicklung des menschlichen Weltverhältnisses konzipiert werden kann. War Faust bisher, bei aller innerer Dissonanz und Destruktivität, als Wandrer potentiell noch einer übergreifenden Ordnung des Menschlichen integrierbar, so zerstört er im Wandrer der Philemon- und Baucis-Episode auch sich als menschliche Möglichkeit. Er wird damit – ohne es wahrzuhaben – noch schärfer selbstzerstörerisch als bisher, und er tritt aus der Menschheit in ihrer polaren Erscheinungsweise aus. Bezeichnet bei Philemon und Baucis ihr hohes Alter Lebenserfüllung und zugleich das Altern einer Lebensweise, so meint das höchste Alter Fausts diese letzte Sprengung des dem Menschen Angemessenen, deren Folgen in unserer Zeit am Horizont aufsteigen. Derart entsteht in Goethes spätester Lebens- und Schaffenszeit eine düstere Kontrafaktur seiner ersten großen Behandlung des Motivs in der Idylle »Der Wandrer« von 1772, wo auch ein Wandrer als Besucher erscheint, die Idylle durch seinen liebevoll anschauenden Blick auf die naturhafte Bäuerin hervorruft und sie mit ihrem Kind segnet, ehe er weitergeht.

Wir erblicken demnach in der Konfrontation Fausts mit der Philemon-Baucis-Sphäre eine außerordentlich differenzierte Auseinandersetzung zwischen Altem und Neuem. Auch im Sinne Goethes, der kein Reaktionär war, muß über das Herkommen hinausgegangen werden, aber nicht, indem man es zerstört, sondern indem man es im Neuen ›aufhebt‹, transformiert, verjüngt: »Das alte Wahre, faß es an!«, trage es weiter – so sagt Goethe in seinem Gedicht »Vermächtnis«. Wie das zu leisten, wie das Alte ins Neue zu überführen ist, das ist eines der größten Probleme der Menschheit, speziell das vielleicht größte Problem unserer Zeit, die alle Verhältnisse so rasant umwälzt. Faust jedenfalls rast, denn gerade die alten Linden, die Zeichen der Liebe und der ländlichen Idylle in ihrer Begrenzung, hat er zum Hochsitz für sich bestimmt, von dem aus er sein nach allen Seiten grenzenlos sich erstreckendes Lebenswerk,

»Des Menschengeistes Meisterstück/ (...)/ Der Völker breiten Wohngewinn« überblicken möchte. Das in ihren Ästen zu errichtende Gestell soll den Kontrollturm zur Überprüfung und Bestätigung von Fausts gottgleicher Größe und Leistung abgeben. Auch in diesem Detail soll das Gewachsene vom Konstrukt überwältigt werden. Faust will am Ende seines Schöpfungswerks sehen, was Gott sah: daß es gut ist. Doch vorerst erinnert ihn der Glockenklang nicht nur fatal daran, daß er – neue Welt hin, neue Welt her – die Tradition stets in Hörweite behält; er macht sein ganzes Leben, wie Mephisto suggeriert, zum »verschollnen Traum« (Vers 11268), weil das Glockenläuten den, der nach Entgrenzung strebt, unaufhörlich an Geburt und Tod, Anfang und Ende, Hier und Jetzt mahnt.

Also müssen die Alten weg, die Flurbereinigung hat stattzufinden. Dabei gewinnt Mephistos Anspielung auf König Ahab auch im Detail Bedeutung: Wie der König nicht selbst mordet, sondern nur den Raum dafür bereitet, so Faust. Immer wieder verhält er sich derart und nimmt billigend die Untaten Mephistos in Kauf – angefangen bei der Vergiftung, statt Einschläferung, von Gretchens Mutter. Auch jetzt stellt sich Faust zwar die Beseitigung schonend vor, als eine Art von Umsiedlung, aber er formuliert höchst zweideutig: »So geht und schafft sie mir zur Seite! –« (Vers 11275); ›beiseite schaffen‹ ist auch ein Euphemismus für ›töten‹. Der gewalttätige Charakter von Fausts Hilfsmannschaften, an ihrer Spitze Mephisto, garantiert das Gegenteil von Schonung; der dynamische Totalitätsanspruch des modernen Systems gerät außer Kontrolle und wird selbstläufig. Die systemimmanente Gewalttätigkeit tritt mit ätzender Schärfe in Mephistos Frage hervor: »Was willst du dich denn hier genieren?/ Mußt du nicht längst kolonisieren?« (Vers 11273f.) Fausts Redeweise von den Alten, als handle es sich um Sachen, wird von Mephistopheles gesteigert aufgenommen, und die gewaltigen Gesellen werden wie Hunde herbeigepfiffen:

> Mephistopheles. Man trägt sie fort und setzt sie nieder,
>   Eh' man sich umsieht, stehn sie wieder,
>   Nach überstandener Gewalt
>   Versöhnt ein schöner Aufenthalt.
>   (Er pfeift gellend.)
>   *(Die Drei treten auf.)*
> Mephistopheles. Kommt wie der Herr gebieten läßt!
>   Und morgen gibt's ein Flottenfest.

Die Drei. Der alte Herr empfing uns schlecht,
  Ein flottes Fest ist uns zu Recht.
                    (Vers 11278 ff.)

Die witzige Roheit dieser Reime erinnert an fataleste Stellen bei Wilhelm Busch. Der Kalauer »Flottenfest – flottes Fest« nimmt Mephistos frühere Verheißung, »bunte Vögel«, also Prostituierte, zum ›Vögeln‹ für die Flotte heranzuschaffen (Vers 11217), wieder auf, nicht ohne Anklang wiederum an Philemons stimmungsvollen Vergleich der heimkehrenden Schiffe mit den Vögeln, die abends zu ihren Nestern fliegen (Vers 11101). So hält in aller zeichenhaften Knappheit beim Vergegenwärtigen der Situationen ein dichtes Netz von Verweisungen den Gegensatz zwischen der humanen, liebevollen Wärme der alten Welt und der eisigen Kälte der neuen präsent, in der Liebe nur als käufliche Ware vorkommt. Die finsteren literarischen Querverweisungen – kontrastiv auf die Philemon-Baucis-Geschichte in Ovids Metamorphosen, parallel auf Naboths Weinberg im Alten Testament – zeigen ihren übergreifenden Sinn. Philemon hat sich vom Kolonisationswerk Fausts blenden lassen; er sieht das neue Land als »paradiesisch Bild« (Vers 11086): »Schaue grünend Wies' an Wiese,/ Anger, Garten, Dorf und Wald« (Vers 11095 f.). Die alte Baucis blickte von vorn herein tiefer, beobachtete Bedenklichstes, sah eher ein Höllenbild:

Menschenopfer mußten bluten,
Nachts erscholl des Jammers Qual;
Meerab flossen Feuergluten,
Morgens war es ein Kanal.
                    (Vers 11127 ff.)

Jetzt holen Mord und Zerstörung die beiden Alten in ihrer eigenen Sphäre ein: Ihr Anwesen geht in Flammen auf. Der gerettete Schiffbrüchige von einst wird niedergestreckt, das Ehepaar stirbt durch Herzschlag. Das Bild des Untergangs kulminiert im Brand der herrlichen alten Linden, einem ergreifenden Symbol für die rapide und bedenkenlose Zerstörung, die bis ins Innerste der Natur und ihrer regenerativen Kräfte eingreift: »Bis zur Wurzel glühn die hohlen/ Stämme, purpurrot im Glühn. –« (Vers 11334 f.)
Abermals ist Mephistos Bericht voll schwarzen Humors bis in die munter und eilig klappernden Jamben hinein – »Da kommen wir mit vollem Trab;/ Verzeiht! es ging nicht gütlich ab. (…)« usw.

(Vers 11350ff.) – bis der Chorus jäh den Schnellauf stoppt und pointiert: »Das alte Wort, das Wort erschallt:/ Gehorche willig der Gewalt!« (Vers 11374) Der wiederholt auftretende Sprechchor in seiner formalen Gewalttätigkeit paßt zum Terror des dröhnenden, die Stimme verzerrenden Sprachrohrs, mit dem der Türmer Lynkeus – wie später noch einläßlicher zu erörtern sein wird – die Szene eröffnet. Gewalt, das alte, aus der Geschichte so verzweifelt wohlbekannte Wort, Inbegriff der alten, aus der Bibel so wohlbekannten Geschichte von König Ahab, ist das Schlüsselwort auch der neuen Welt Fausts. Er selbst schleppt gewohnte Verhaltensweisen in sie ein. Faust-Ahab siegt, aber am Ende wird ihn die Sintflut einholen, von der als Gottesgericht Ovids Metamorphosen erzählen. Der Sumpf, den er trockenlegen will, besiegt ihn. Die Hütte in ihrer Natureinbettung ist zerstört, doch auch der Palast vergeht.

Der blinde Visionär. Handeln ohne Vorsicht und Vorsorge

Faust empfindet Unbehagen am Schicksal der Alten, aber er wälzt es ab; er bedauert, aber oberflächlich. Die Macher sehen vorwärts, nicht rückwärts. Wo gehobelt wird, fallen Späne; man kennt das. Alsbald holen ihn die Schatten der Untat ein, aber er drapiert sie vorerst zum Mantel seiner Größe. Vier alte Weiber, allegorische Verkörperungen von Mangel, Schuld, Sorge und Not, treten auf; von fern zeigt sich ihr Bruder, der Tod, doch Faust läßt sich nicht beeindrucken. Als Herr des geschlossenen Systems seiner künstlichen Welt, das in Analogie zur Phiole des Homunculus gesehen werden kann, ist er noch gefeit. Sie bleiben *vor* seinem Palast, aber die Sorge haucht ihn an, und er erblindet. Goethe hat viel über die Sorge nachgedacht und sie zurückgewiesen als eine Macht, die das Dasein verbittert.[20] Faust vor dem Paktabschluß verdammt wortreich die Sorge als eine der großen Qualen des Menschenlebens, und auch bei ihrem jetzigen Erscheinen drängt Faust sie beiseite mit bedeutenden, teilweise wohl Goethe aus dem Herzen gesprochenen Äußerungen. Aber Fausts ›übermütiges‹ Wort, er werde die schleichend große Macht der Sorge »nicht anerkennen« (Vers 11494), ist schon ein Ausdruck der Blindheit, die ihn nun ereilt. Denn die Sorge bedarf der Anerkennung des Menschen nicht, weil sie in der Verfassung der menschlichen Existenz gründet: in ein Leben geworfen zu sein, das sich der Verfügung letztlich entzieht. Alles menschliche Planen, Wollen und Tun wird durch unabsehbare Gegebenheiten eingeengt und hat unabsehbare Konsequenzen. Wer sich durch die Sorge vor unbeherrschbaren Bedingungen und Folgen vergiften läßt, muß in Untätigkeit und Leblosigkeit erstarren. Wer aber umgekehrt sorglos drauflos lebt oder gar ins Größte plant und ausgreift, als sei alles und jedes berechenbar und verfügbar, wird mit seinen weitestreichenden Bestrebungen zugrundegehen. So ist, wie Goethe fast widerstrebend konzediert, »(…) auch die Sorge (…) eine Klugheit, wiewohl nur eine passive (…)« (zu Eckermann Mitte August 1824), und die Vermutung, Goethe weise sie lediglich deshalb so oft und nachdrücklich zurück, weil er ihr in besonderem Maße ausgesetzt war, hat viel für sich. Damit Aktivität überhaupt möglich wird, muß und darf die Sorge zurückgeschoben werden; in Zustand der Besinnung und Ruhe aber – sei er zeitweilig, sei er lebenszeitlich – hat sie einen angemessenen Raum. »Die Sorge ziemt dem Alter«, heißt es dementsprechend in »Wilhelm Meisters Lehrjahren«,[21] und Faust, wir wissen es, ist uralt. Daß er als Uralter immer noch in Rastlosigkeit und Übereilung lebt, zeigt ohnehin ein Mißverhältnis zum Leben; daß er diese Hast trotz der fürchterlichen Folgen, die sie gerade hervorgerufen hat, durch die Nichtanerkennung der Sorge – als sei sie eine illegale Machthaberin – auch noch ideologisiert, ist unheilschwanger.

Wenn die Sorge Faust mit Blindheit schlägt, kehrt sie also lediglich nach außen und steigert, was als Lebenshaltung schon in ihm liegt: nach endlosen, in sich kreisenden Reflexionen blinde Eile: »ungeduld'ge Tat« (Vers 11341), »unbesonnener, wilder Streich« (Vers 11373), »Geboten schnell, zu schnell getan! –« (Vers 11382). Das ist ein nun schon aus der Beziehung zwischen Faust und Mephisto bekanntes Wechselverhältnis: Fausts Erblindung ratifiziert, was er sich durch seine verblendete Zurückweisung der Sorge als Selbstblendung zugefügt hat. Seine Strafe ist, daß die Sorge ihn, zum Verderben seines Werks, radikal sorglos stehen läßt. Dann muten aber die Worte ihres Fluchs seltsam an: »Die Menschen sind im ganzen Leben blind,/ Nun, Fauste, werde du's am Ende!« (Vers 11497f.) Ist Fausts ideologisierte Sorglosigkeit nur *der* Zustand, in dem die anderen Menschen schon von vorn herein naiv leben, wieso wird er dann in besonderer Weise verflucht, wieso trifft ihn Blindheit nicht nur metaphorisch, wie die Menschen als Gattung, sondern im Wortsinn als spezielle Strafe? Die Antwort: Weil seine Un-

besorgtheit – über deren programmatischen Charakter hinaus – eigentümlicher Art ist und von ihm in einer Extremsituation entfaltet wird, in der er alleiniger und unbedingter Täter zu sein beansprucht:
Die Menschen gemeinhin sind blind, weil sie die Konsequenzen ihrer Taten nicht bedenken, aber ihre Reichweite ist im allgemeinen auch kurz. Dem entspricht ihre Kurzsichtigkeit. Hingegen machen sich die Menschen sehr wohl Sorgen über das, was bedrohlich auf sie zukommt. Ihnen gegenüber ist Faust groß in seiner Sorglosigkeit vor allem, was ihm von außen zustoßen könnte, und in seiner Bereitschaft, *für sich* Konsequenzen hinzunehmen. »Fürchte mich weder vor Hölle noch Teufel« (Vers 369) – eine von Fausts allerersten Aussagen über sich – ist gewiß anmaßend, aber sie imponiert. Daß aber Faust auch die unbeabsichtigten Neben- und Folgewirkungen, die unabsehbaren Gefahren seines Tuns für das große Ganze geringschätzt, daß er sie aus seinen Überlegungen verbannt, daß ihm durchgehend Sorge als Sorgfalt und Fürsorge fehlt, obwohl er doch mit übermächtiger Energie in der Welt herumfuhrwerkt, macht seine Sorglosigkeit zur Gewissenlosigkeit; denn in dieser Dimension gilt, was in den »Wanderjahren« gesagt ist: Das Gewissen sei »ganz nah mit der Sorge verwandt«.[22] Fausts Blindheit ist Blindheit für das Maß des Menschen und das Menschenmögliche.
Damit wird Faust zum Zerrbild des blinden Sehers, wie ihn die Antike in dem Seher Teiresias vorgestellt hat. Ihn hat die physische Blindheit aus der Verstrickung in das Tun und Lassen der anderen gelöst, ihm hat sie die Augen für die Erkenntnis des Menschenloses allgemein und speziell für die Vorhersicht der Zukunft geöffnet. Er ist ›vorsichtig‹. Nichts ist Faust weniger. Der Erblindete steigert sich in einen Exzeß der Praxis unter dem Bann einer Zukunftsvision hinein, die alle Hemmungen und Bedenken verloren hat und ihn mit trügerischen Wunschbildern umstellt. Der verblendete Täter wird zum verblendeten Visionär, zum falschen Propheten. Nicht Wissen, sondern tiefster Wahn hebt ihn von den anderen Menschen ab.
Faust ist sorglos; Faust ist in seinem Tatrausch, in seinem Übereifer, die perfekte Welt hervorzurufen, gewissenlos. Sein Vorgriff entbehrt jeder Vorsicht. Und noch damit ist der letzte Grund seiner Haltung nicht offengelegt. Es muß gefragt werden, ob in der Forciertheit seiner Zurückweisung der Sorge nicht ein indirektes Zeugnis ihrer Macht auch über Faust liegt. Könnte ihr Fluch ihn sonst erreichen? Faust will es vermeiden, die Sorge mit magischen Mitteln einfach wegzuzaubern

(Vers 11423); er will seine Kraft beweisen, indem er schlicht standhält, und doch: Sein Entschluß, er werde die Sorge »nicht anerkennen«, muß noch einmal, und nun auf die Seltsamkeit der Formulierung hin, abgehört werden. Ist Fausts rhetorische Anstrengung beim Verunglimpfen der Sorge nicht Zeugnis mühsamer Selbstüberredung zur Sorglosigkeit? Setzt Fausts Nichtanerkennung der Macht der Sorge nicht voraus, daß er sie nur zu gut kennt und lediglich verdrängt, daß er sie nicht wahrhaben will, daß im Untergrund aller seiner Machtgebärden Angst lauert?

Und auch diese Verquickung von Machbarkeitswahn und untergründiger Angst ist ein äußerst aktueller Befund. Zwar ist die Zeit des universellen Fortschrittsglaubens und des uneingeschränkten Weltverbesserungsoptimismus längst dahin und hat dem Bewußtsein von der Krise der Moderne Platz gemacht, das sich auch in meinen Überlegungen ausspricht, aber das hindert nicht die Ausbreitung einer Euphorie partieller Problemlösungen im naturwissenschaftlich-technisch-industriellen Bereich. Sie wird um so lauter, je mehr an Krisenbewußtsein sie übertönen muß, und gewinnt um so mehr an Nachdruck, je deutlicher sie sich verselbständigt und spezialisiert und dadurch von Allgemeinverbindlichkeiten ablöst. Faust will noch schlicht die absolute neue Welt, ohne sich um die Folgekosten Sorgen zu machen. In dem Maße, wie Produktivitätszuwachs, Vermehrung des Wohlstands, Erhöhung des Lebensalters, Steigerung der Geschwindigkeit und ähnliche Götzen des Zeitgeists den Schein nicht weiter in Frage zu stellender Werte annehmen, sind die Sorgen ins Anonyme und Gestaltlose wegdelegiert. Die Weltverbesserungsbewegung bedenkt alles und jedes, aber nicht sich; die Perfektionierer entwerfen immer raffiniertere Experimentalanordnungen und stellen immer kühnere Fragen, aber sie fragen nicht nach sich und ihrer Legitimation.

Damit sind wir zurück bei der Faustgestalt und bei der schlimmsten Bedeutung ihrer Blindheit. Faust stellt Gott und die Welt in Frage, doch er stellt sich nicht in Frage. Er reflektiert auf das allgemeine Menschenlos und findet so einen Modus, noch im allgemeinen immerzu über sich zu sprechen, aber so viel er verhüllt und unverhüllt ›Ich‹ sagt, so wenig erkennt er seine inneren Abgründe. Wenn er im fünften Akt, nach dem endgültigen Verschwinden der Sorge, seinen düsteren Weg bedenkt, wenn er seine Frevelworte und seine Weltverfluchung bereut (Vers 11408), dann ist das eine seltene Anwandlung, und noch da sieht er keinen grundsätzlichen Irrweg, sondern nur den verlassenen Ausgangspunkt eines Weges, dessen Ende bisher nicht erreicht ist, aber in Aussicht steht. »Noch hab' ich mich ins Freie nicht gekämpft.« (Vers 11403) Noch nicht – aber bald wird Vollendung sein: das ist Fortschrittsdenken. Wenn Faust konstatiert, er sei nur durch die Welt gerannt, ist das kein Ausdruck des Selbstzweifels oder gar des Erschreckens vor sich, sondern eine Feststellung, die ihm dazu dient, sein jetziges Verhalten besser, ja gut zu finden und dessen Schattenseiten vor sich selbst zu verstellen. Wenn er im Hinblick auf Gretchen sich erst als »Flüchtling« und »Unbehausten«, dann als »Unmensch ohne Zweck und Ruh'« darstellt, »Der wie ein Wassersturz von Fels zu Felsen brauste«, wenn er sich schließlich als »Gottverhaßten« charakterisiert und seine Verführung des Mädchens unter das Motto stellt: »Du, Hölle, mußtest dieses Opfer haben!« (Vers 3348 ff.), dann wälzt er alle Verantwortung von sich ab und macht sich wahlweise zum Ausgestoßenen, zu einer Art blinder Naturgewalt, zum Opfer Gottes und der Hölle. Zur Rückwendung des fragenden Blickes auf sich, die Gretchen sogar im Zustand tiefster Naivität fertigbringt: »Bin doch ein arm unwissend Kind,/ Begreife nicht, was er an mir find't« (Vers 3215 f.), ist Faust unfähig. Er kann tief elend sein, aber er ist nie in sich selbst arm. Die Kategorie der Schuld ist ihm zuletzt im innersten fremd geworden. Er ist entsorgt.

Aber ist nicht Fausts Wort grandios, mit dem er seine Erblindung, diesen schrecklichen Schlag, pariert? »Die Nacht scheint tiefer tief hereinzudringen,/ Allein im Innern leuchtet helles Licht« (Vers 11499 f.). Ist das nicht Ausdruck höchstmöglicher Unabhängigkeit des Menschen von widrigen Lebensumständen? Auch hier verbinden sich Größe und Verblendung. Peter Michelsen hat in einem bedeutenden Aufsatz über »Fausts Erblindung« die problematische Bedeutung der Vorstellung ›inneres Licht‹ in Goethes wissenschaftlichen Schriften aufgewiesen und schließt: »Das ›innerliche Licht‹ ist in allen diesen Fällen Ergebnis einer pathologischen Verblendung, die das Innere des Menschen in Disproportion zum Äußeren setzt.«[23] Fausts »(…) Erblindung ist nur Folge und Ausdruck dieses Weltverhältnisses: die Augen, die das Unendliche sehen wollen, sehen nichts.«[24]

Der Befund wird unterstützt durch die Faustdichtung selbst: Im zweiten Akt des zweiten Teils tritt der Baccalaureus auf, ehemaliger Schüler aus der Schülerszene des ersten Teils und als Karikatur Fausts schon dort eine höchst bedenkliche Figur. Er ist – wie der von der Sorge geblendete

Faust – ausgeartet zur völligen Verachtung der Realität, nennt das »Erfahrungswesen« »Schaum und Dunst« (Vers 6758) und faßt seinen Größenwahnsinn in die Worte zusammen:

> Ich aber frei, wie mir's im Geiste spricht,
> Verfolge froh mein innerliches Licht,
> Und wandle rasch, im eigensten Entzücken,
> Das Helle vor mir, Finsternis im Rücken.
> (Vers 6803 ff.)

Auch das ist ein Wort zum Fortschritt: der Baccalaureus steht schon als junger Mann da, wo Faust als Greis aufhört. Zuletzt spricht noch ein Bibelanklang – ein Verfahren, das Goethe überall in seinem Werk und besonders im »Faust« mit Virtuosität anwendet. Predigend warnt Christus Luc 11, 35 seine Zuhörer: »So schaue darauf, daß nicht das Licht in dir Finsternis sei.« Das ist Fausts Fall.

Ein weiteres Interpretationsproblem des Auftritts der vier grauen Weiber, von denen nur die Sorge bis zu Faust vordringt, ist die Begründung, warum Mangel, Schuld und Not ihn nicht erreichen: »Drin wohnet ein Reicher, wir mögen nicht 'nein.« (Vers 11387) Für Mangel und Not leuchtet das ein, aber warum sagt die Schuld: »Da werd' ich zunicht« (Vers 11388)? Die Erklärungsmöglichkeit, Faust wälze als Reicher und Mächtiger seine Schuld auf seine Helfer ab,[25] kann nicht befriedigen, denn diese Abwälzung ist ja nur eine Ausflucht. Fausts ihn vor der Schuld schützender Reichtum scheint mir eine wichtige, von uns bisher nicht genügend berücksichtigte Kategorie zu sein. Ich habe zwar Fausts Größe konzediert, doch immer wieder und vordringlich auf das Verderbliche seines Handelns hingewiesen. Die Gegenüberstellung Fausts mit der Philemon-Baucis-Sphäre scheint geradezu auf ein moralisches Schwarz-Weiß-Schema hinauszulaufen. Aber diesem Schein muß nun entgegengearbeitet werden:

In den »Maximen und Reflexionen« sagt Goethe: »Der Handelnde ist immer gewissenlos; es hat niemand Gewissen als der Betrachtende.«[26] Das erinnert an die Aussagen über die situative Angemessenheit und Unangemessenheit der Sorge und das Recht des Handelnden, sie um der Möglichkeit des Handelns willen zurückzudrängen; nur ist Goethe mit dem Wort von der Gewissenlosigkeit noch viel mehr pointiert und radikal. Allem menschlichem Handeln wohnt Schuld inne, weil es uns unabsehbar in das Handeln anderer verflicht und in ihre Lebenssphäre eingreift. Wer sich daraus immer und überall ein Gewissen macht, darf nicht handeln; er muß sich auf Betrachtung des Lebens beschränken. Aber das ist nicht nur unmöglich, es gilt im letzten auch nicht, denn selbst Nichthandeln ist – als Unterlassung – eine Art von Eingriff ins Geschehen; es ermöglicht und provoziert das Handeln anderer. Allerdings bewegt sich Goethe mit dieser Überlegung – trotz des Anklangs an die Erwägungen zur Sorge – in einer anderen Argumentationssphäre. Das Provokative der Reflexion liegt darin, daß sie – im Unterschied zu den Äußerungen über die Sorge – keine moralische Maxime enthält, sondern trotz der Verwendung der Kategorie des Gewissens eine Allgemeinaussage zu den Bedingungen der menschlichen Existenz macht. Daß der Handelnde immer gewissenlos ist, sagt etwas über menschliches Handeln schlechthin; nicht über richtiges und falsches Handeln, das es innerhalb dieses übergreifenden Rahmens durchaus gibt. Auch wenn alles menschliche Handeln gewissenlos ist, kann man relativ gewissenhaft oder im engeren Sinne gewissenlos handeln.

Immerhin: der Stille im Lande vermag relativ leicht saubere Hände zu bewahren. Umgekehrt gilt: je energischer einer ausgreift, je weiter der Gestaltungswille reicht, um so mehr droht Schuld. Eine große, strebende, geschichtsmächtige Existenz ist auch großen Versuchungen, Schuldmöglichkeiten, Irrtümern ausgesetzt.[27] Faust verfällt einem irren Streben, habe ich an früherer Stelle formuliert. Doch auch seine größten Irrtümer bleiben im Rahmen der menschlichen Grundenergie des Strebens nach Besserem; auch seine größten Unrechtstaten entspringen nie bloßer Brutalität oder Freude am Unrecht. Schuld muß mit Tätigkeit, Gestaltungswillen und Gestaltungskraft in Beziehung gesetzt werden, und die Rechnung wird nie genau aufgehen. Im Sinne dieser Relation ist Faust reicher als etwa Philemon und Baucis, die Gütigen und Guten, es sind. Grimmig hält Goethe in den »Zahmen Xenien« VII den Kritikern Fausts entgegen:

> Seid ihr verrückt? Was fällt euch ein,
> Den alten Faustus zu verneinen!
> Der Teufelskerl muß eine Welt sein,
> Dergleichen Widerwärt'ges zu vereinen.

Er ist ein Reicher, ein Lebensvoller, eine laut Goethe »Entelechie mächtiger Art«, an dem die isolierte Schuldfrage des Moralisten abprallt.[28] Das Katastrophische ist größer als die Schuld. Und diese Überlegung muß noch weiter getrieben werden, insofern Faust ja nicht einfach ein dramatischer Held, ein bedeutender Charakter ist, sondern alle Grenzen des empirischen Charakters sprengt. Halten wir fest, was eingangs festgestellt wurde: Faust ist eine Menschheitsfigur, und in dieser Dimension gilt erst recht die Unabsehbarkeit der Handlungsfolgen, die es verbietet, aus der Überheblichkeit der späteren besseren Einsicht Verdammungsurteile rückwirkend auszusprechen. Der Sieg der Medizin und der Hygiene, die Errungenschaften von Wissenschaft, Technik, Industrie und kapitalistischer Wirtschaft – wer unter ihren Kritikern wollte sie missen? Wer hätte ihre Schattenseiten, von der Übervölkerung der Erde bis zur Zerstörung der Ozonschicht, im voraus abschätzen sollen? Der Erfinder des mechanischen, dampfmaschinengetriebenen Webstuhls, der industrielle Anwender, der wirtschaftliche Unternehmer haben die Hungersnöte der Handweber in der Mitte des 19. Jahrhunderts zwar verursacht, aber weder gewollt noch vorhersehen können, und deren Maschinenstürmerei war keine Lösung der durch das Maschinenwesen entstandenen sozialen und wirtschaftlichen Probleme.

In dieser Perspektive muß die Moderne überhaupt beurteilt werden. Dynamische Gesellschaften lösen in allen gesellschaftlichen Sphären, in denen diese Dynamik zur Entfaltung kommt, vielfach weiterreichende Folgen aus als statische. Sie tragen vielfach größere Unheilsmöglichkeiten in sich, welche die Kehrseite enormer Chancen sind. Deshalb ist Beckmesserei unangebracht. Das gilt hier in besonderem Maße, weil literarische Interpretationen weder die Möglichkeit noch die Aufgabe haben, über den Text hinaus Problemlösungen, erst recht epochale, anzubieten. »Eine Romanze ist kein Prozeß, wo ein Definitivurteil sein muß«, hat Goethe in den »Maximen und Reflexionen« gesagt,[29] und das gilt für die Dichtung überhaupt. Sie läßt den Reichtum und den Schrecken des Lebendigen nicht jenseits von Gut und Böse aufleuchten, aber sie läßt den Reichtum und den Schrecken des Lebendigen Gut und Böse übergreifen. Das ist ein Moment ihrer Unauslotbarkeit.

Und dennoch: äußerste kritische Distanz zu dem Dramenhelden Faust ist nötig, gerade weil in ihm das Wesen des Menschen und der Weg der ganzen Menschheit auf dem Spiel stehen. In dieser Weise ist das Drama ein Prüfstand der Moderne, in der ja tatsächlich, mit der Möglichkeit der Radikalvernichtung, ein letztes Wort über den Menschen ansteht. Goethe war keineswegs ein grundsätzlicher Feind der technisch-ökonomischen Entwicklungen, sondern ein ebenso hoffnungs- wie sorgenvoller Betrachter, und stünden hier die »Wanderjahre« zur Debatte, wäre auch von positiven Antworten auf die Moderne zu sprechen. Im Faustdrama aber überwiegen schon vom Ansatz her entschieden die bedrohlichen Aspekte, und, wie oft, erweist sich auch hier, daß negative Erwartungen weiter reichen, tiefer und mit größerer prophetischer Kraft die Zeit durchdringen, als positive. Vor allem sehe ich im »Faust«-Ansatz Anthropologie und Zeitkritik in ihrer Verschränkung so sehr auf die Spitze getrieben wie nicht noch einmal bei Goethe, so daß es auch wiederum unzulässig ist, »Faust« von den »Wanderjahren« her zu relativieren. Der bedingte Mensch will unbedingt sein, und nirgends wird diese anthropologische Grundtendenz in ihrer modernen Radikalisierung so klar wie im Faustdrama, über das als ganzes deshalb noch einmal ein Satz aus den »Maximen und Reflexionen« gestellt werde kann: »Unbedingte Tätigkeit, von welcher Art sie sei, macht zuletzt bankerott.«[30]

Goethe hat eine hinreißend paradoxe Formulierung für Fausts aus radikaler Tätigkeit fließende und sie wiederum entfesselnde Blindheit gefunden, indem er den soeben geblendeten Faust sagen läßt: »Laßt glücklich schauen, was ich kühn ersann.« (Vers 11504). Faust ist so blind geworden, daß er sogar für seine Blindheit blind ist! In dieser Blindheit beginnt das Brechen der Augen im Sterben. Hat er, wie gezeigt, in der Realität seines Handelns vergeblich die raum-zeitlichen Bedingungen der menschlichen Existenz zu sprengen versucht, so wird ihm nun die Vision zum letzten Weg, aus diesem Bedingungsrahmen auszubrechen. Als geblendeter Visionär greift er auf einen Augenblick höchster Lebenserfüllung vor, den die Praxis ihm verweigert; als geblendeter Visionär meint er, es werde die Spur von seinen Erdetagen nicht in Äonen untergehen: die Vorstellung der Raum-Zeitlosigkeit als endlose Spur in eine offene Zukunft.

Auf dieser Spur gerät Fausts Handeln noch mehr als bisher in das Zeichen des Realitätsverlusts, und es führt noch mehr als bisher zur Instrumentalisierung der Menschen. Faust sieht seine Helfer nur noch als Hände seines Geistes: »Daß sich das größte Werk vollende,/ Genügt *ein* Geist für tausend Hände« (Vers 11509f.). Umgekehrt erscheinen seine Helfer als willenlose und geistlose Gespenster: »Warum an uns der Ruf geschah,/ Das haben wir vergessen.« So singen sie im Chor (Vers 11521 f.). Das Prinzip der Fließbandarbeit scheint hier vorformuliert, die Bokanowskygruppe der halbidiotischen Epsilons aus Aldous Huxleys bereits früher zitiertem Roman »Brave New World« vorweggenommen, und auch bei Huxley sind ja die Epsilons mit dem Fließband verschaltet, indem er seinen Roman »im Jahr 632 nach Ford« spielen läßt. Immerhin: es ist ein Epsilonglück verheißen. Wenn Fausts Hilfstrupps auch vergessen haben, warum man sie schanzen läßt, rumort doch in ihren dumpfen Geistern eine Versprechung von irgendwem: »Es gilt wohl gar ein weites Land,/ Das sollen wir bekommen.« (Vers 11517 f.)

Die neuste Erde. Kritik der technischen und sozialen Utopien

In dieser Perspektive sind nun Fausts inhaltliche Aussagen über seine letzten Zielvorstellungen zu sehen, und in ihr gewinnen sie eine abgründige, dem Helden selbst unbewußte Ironie. Faust will nämlich seine neue Welt mit »vielen Millionen« Menschen bevölkern (Vers 11563 ff.), »nicht sicher zwar, doch tätig-frei zu wohnen.« »Gemeindrang« soll Quell der gesellschaftlichen Tätigkeit sein, deren Ansporn in der Notwendigkeit liegt, das Neuland ständig gegen den Ansturm des Elements zu verteidigen: statt der Gewalt gegen Menschen Krieg gegen die Elementarnatur zugunsten der künstlichen, durch Trockenlegungstechniken gewonnenen Natur. So wird noch die prinzipielle Unabschließbarkeit allen Menschenwerks ideell gezähmt zur Reparaturbedürftigkeit der abschließenden Dämme. Das Ganze wird da sein; man wird es nur noch ab und zu flicken müssen. So soll »aufgewälzt kühn-emsige Völkerschaft« entstehen – vielleicht die Nachkommen der geistig verödeten Spatenschwinger, die wir im Chor von einem verheißenen Land singen hörten? Und nun der krönende, auch als Bekenntnis Goethes zu einem Sozialismus zitierte Satz: »Solch ein Gewimmel möcht' ich sehn,/ Auf freiem Grund mit freiem Volke stehn.«[31] Der »freie Grund« ist zunächst gesellschaftlich-juristisch zu verstehen: Der tätige Mensch soll Herr von Grund und Boden sein, keinem Grundherrn dienstbar. Die Formulierung geht aber noch über das gesellschaftliche Wunschbild hinaus.

Des alten Philemon naive Rede vom »paradiesischen« Bild der neuen Schöpfung Fausts weist in die Richtung, die in Fausts Reden deutlicher wird: Faust will nicht nur im juristischen, sondern auch im naturhaften Sinne freien Grund erzeugen, Erde der Schöpfungsfrühe vor dem Sündenfall, ein »paradiesisch Land«. Gegenüber der begrenzten, altertümlichen Idylle von Philemon und Baucis zielt er allerdings auf eine moderne Universalidylle: »Grün das Gefilde, fruchtbar; Mensch und Herde/ Sogleich behaglich auf der *neusten* Erde« (von mir gesperrt. G. K.). Auf den ersten Blick ist diese Charakteristik des Neulands der von Philemon gegebenen ähnlich (Vers 11085 f.); aber der Superlativ ist verräterisch. In der Endzeitvision des Propheten Jesaia verspricht Gott, der Herr, »einen neuen Himmel und eine neue Erde« zu schaffen (65, 17), und das Neue Testament nimmt diese Verheißung auf. Der Apokalyptiker der Offenbarung des Johannes »(...) sah einen neuen Himmel und eine neue Erde; denn der erste Himmel und die erste Erde verging, und das Meer ist nicht mehr« (21, 1). Der zweite Petrusbrief sagt: »Wir warten aber eines neuen Himmels und einer neuen Erde.« (3, 13) In dieser Erwartung standen die apokalyptisch-sozialrevolutionären Bewegungen der Christentumsgeschichte bis zu Thomas Müntzers Bauernarmee in der Schlacht bei Frankenhausen. Faust überbietet noch das, will wie die Reklame, das Allerneuste und Allergrößte.

Die traditionelle Idylle war eine Insel des Beharrens im Strom der Geschichte. Die durch Faust vernichtete Idylle von Philemon und Baucis schloß Geschichte und Natur als Mächte des Herkommens in sich zusammen. Die neuste Erde wird von Faust dazu bestimmt, in toto Idylle zu sein. Idylle und dynamische Gesellschaft sollen in eins zusammenfallen. Die totalisierte Idylle ist alles in allem, und sie ist ein nachgeschichtlicher Zustand, wie die eschatologisch verheißene Erfüllung. Mephistopheles hat ruhmrednerisch Fausts Werk gepriesen: »Die hohe Weisheit wird gekrönt,/ Das Ufer ist dem Meer versöhnt.« »Das Meer (nimmt) die Schiffe willig an« (Vers 11221 ff.). Universalversöhnung wird angesagt, bei der Mephisto die Natur dem Menschen willig entgegenkommen läßt.

Das geschieht nicht ohne Hintersinn. Denn wenn der Teufel die Aussicht auf Versöhnung der äußersten Gegensätze der Natur – Ufer und Meer – vorgaukelt, versteckt er dahinter seine Hoffnung, diese Vereinigung und Vereinheitlichung werde auf Kosten der Erde gehen: das Ufer werde im Meer verschwinden, die am Anfang der Schöpfung stehende Scheidung von Festem und Flüssigem gehe zu Ende, das Chaos werde wiederkommen. Das sieht Faust anders, wiederum in der Linie der biblischen Apokalyptik. Der Neuschöpfer, wie ihn die Johannesapokalypse vorstellt, ist dem Meer feindlich; Faust schließt es von seiner neusten Erde aus. Es ist Inbegriff der dunklen Tiefe und des drohenden Ungeheuren. Trotz dieser Differenz scheint in Fausts Ohr Mephistos

Reimwort ›versöhnen‹ nachzuklingen. Er deklariert: »Es ist die Menge, die mir frönet,/ Die Erde mit sich selbst versöhnet« (Vers 11540 f.). Das öffnet den letzten Horizont seines Denkens. Er unternimmt, was die utopischen Sozialisten in pseudoreligiösen Hoffnungen suchten und was auch beim jungen Karl Marx als utopische Sehnsucht vorkommt: Resurrektion, Erlösung der Natur; die beste aller Welten von Gnaden des Menschen soll aufgehen. Faust will den Schatten des Sündenfalls, der aus dem Zeitalter des biblischen Gottes in die Welt fällt und zu uns herübergreift, humanistisch auflösen.

Wie er das aber vorhat, das ist die schärfste aller möglichen Selbstwiderlegungen und Selbstentlarvungen. Wir erinnern uns: Faust will keine Nachbarn, er will Untertanen. Die Handlungsmaxime, willig der Gewalt zu gehorchen, steht seit dem Untergang von Philemon und Baucis als Motto über der von Faust beherrschten Szene. Fausts letztes Wort an die Knechte heißt »des Herren Wort« (Vers 11502), ist ein Befehl und erinnert nicht von ungefähr an eine biblische Redeweise vom Gotteswort (etwa: »Des Herrn Wort bleibt in Ewigkeit« 1. Petr 1, 25). Von nun an verkehrt Faust nur noch indirekt, über den Kapo, mit seinen Moorsoldaten. »Arbeiter schaffe Meng' auf Menge«, herrscht er Mephistopheles an, »ermuntre durch Genuß und Strenge/ Bezahle, locke, presse bei!« (Vers 11550 ff.). Der Chor der Schaufler preist die Vollzähligkeit des Arbeitsinstrumentariums: »Gespitzte Pfähle, die sind da,/ Die Kette lang zum Messen;« (Vers 11519 f.), aber fatalerweise sind gespitzte Pfähle und Ketten nicht nur Arbeitsgeräte, sondern auch Instrumente für die Freiheitsberaubung und die gräßliche Hinrichtungsart des Pfählens, die sich während der Türkenherrschaft auf dem Balkan als besonders geeignet für Aufrührer aller Art erwiesen hatte. Weil Faust nach seiner Erblindung Tag und Nacht nicht mehr unterscheiden kann, muß Tag und Nacht – bei künstlicher Beleuchtung mit Fackeln – das Werk vorangetrieben werden.

Der Mann, der auf freiem Grund mit freiem Volk zu stehen wünscht, will also diesen freien Grund als Diktator durch Druck und Tricks, Zuckerbrot und Peitsche, Entmündigung und Frondienste der Massen erzeugen. Um einer imaginierten freien Menschheit willen erniedrigt er die Menschen hier und jetzt zu Menschenmaterial. Er war nie so unsozial wie im Augenblick seiner sozialen Utopie. Der Reim vom ›Versöhnen‹ der Erde auf das ›Frönen‹ der Menge pointiert diesen Zynismus. Die industriellen Reservearmeen des 19. Jahrhunderts gehen über in die Heere der Fremdarbeiter und KZ-Sklaven. Die Menschen sind für Faust gerade gut genug zum Sockelfries am zeitresistenten Denkmal seiner Selbstvergötterung als homo faber. Untergründig weisen die »vielen Millionen«, denen Faust Raum schaffen will (Vers 11563), auf den Kern seines Traums vor: die »Äonen« seines Nachruhms (Vers 11584). Das ist wie hellsichtig vorgreifender Hohn auf die sozialen und technischen Welt- und Menschheitsbeglückungskonzepte des 19. und 20. Jahrhunderts, die so unerhörte Menschenopfer gefordert haben. Zwangsarbeit, Trockenlegungen, Kanalbau sind eine berüchtigte Trias. Mit Hilfe des Archipels Gulag und magisch-technischer Hilfsmittel, deren Heillosigkeit sich in der Gestalt des Bauführers Mephisto zusammenfaßt, soll eine herrliche Zukunft herbeigezwungen werden. Goethe hat noch, tief beunruhigt durch die Französische Revolution von 1830, die weithin im Jahrhundert wirkenden Lehren des Grafen Saint-Simon kennengelernt. Von ihrer Verquickung technokratischer und sozialistischer Ideen läuft eine Linie bis zu Lenins berühmtem Wort, Kommunismus sei Sozialismus plus Elektrifizierung – ein Kommunismus, der diktatorisch herbeigeführt werden soll. Goethe hat sich schaudernd vom Saint-Simonismus abgewandt, und es ist sehr wahrscheinlich, daß dieser Schauder in die letzte Schaffensphase am »Faust« eingegangen ist, speziell diese Episode grundiert.[32]

Auch bei seinem letzten Großvorhaben ist Fausts unternehmerische, auf tiefen Natureingriff abzielende Phantasie Naturphantasie, aber denaturierte, wie sich schon darin verrät, daß der Technokrat Faust für den imaginativen Vorgriff auf die Vollendung seines Projekts den Wortschatz des höchsten Liebesaugenblicks verwendet: »Im Vorgefühl von solchem hohem Glück/ Genieß' ich jetzt den höchsten Augenblick« (Vers 11585 f.). Fausts Denaturierung reicht bis in solche Tiefe, daß selbst sein letztes Zurückschrecken vor dem Verfügungspotential der Magie, sein letztes Zurückverlangen nach Unmittelbarkeit zur Natur, ehe er alle Mittel seiner magischen Ökonomie und Technik einsetzt, davon geprägt sind;[33] sogar die Sehnsucht trägt die Züge der Entstellung: »Stünd' ich, Natur, vor dir ein Mann allein,/ Da wär's der Mühe wert, ein Mensch zu sein.« (Vers 11406 f.) Faust, der früher in »Wald und Höhle« die Natur an die Brust gedrückt hat, vermag sich nicht mehr eingebettet in Natur zu denken, sondern nur noch als selbstherrliches Subjekt gegenüber einer Objektwelt. Trotz seiner Rede von der Versöhnung der Erde mit sich selbst ist das Seelenhafte und organisch Gestalthafte seiner Naturvorstellung verblaßt. Nicht mehr die Formenvielfalt des Lebendigen in seiner brüderlichen Nähe zum Menschen, vielmehr das offene Meer steht ihm nun für Natur – eine sinnlos und gestaltlos in sich kreisende Elementarmacht, die der Bändigung durch den Menschen bedarf: »Was zur Verzweiflung mich beängstigen könnte!/ Zwecklose Kraft unbändiger Elemente!« (Vers 10218f.)

Dahinter steht im letzten nicht Fülle der Kraft, sondern, jäh aufblitzend, Angst – daß es nicht nur unbeherrschte, sondern unbeherrschbare Natur geben könnte, die vom Menschen nichts weiß und den Menschen nicht braucht. Es ist die Natur, auf die Mephistopheles sich beruft: »Die Elemente sind mit uns verschworen,/ Und auf Vernichtung läuft's hinaus.« (Vers 11549f.) Bereits in Fausts Nichtanerkennung der Macht der Sorge haben wir Angst erschlossen. An dieser Stelle zeigt sich: Er hat Todesangst vor dem, was uns rücksichtslos und gleichgültig überlebt. Sie steht im äußersten Hintergrund seines äußersten Unternehmens. In der Szene »Wald und Höhle« wird Faust von Mephistopheles verhöhnt, er wolle

> (...)Erd' und Himmel wonniglich umfassen,
> Zu einer Gottheit sich aufschwellen lassen,
> Der Erde Mark mit Ahnungsdrang durchwühlen,
> Alle sechs Tagewerk' im Busen fühlen,
>
>   (Vers 3284ff.)

Faust empfindet dort Schöpferkraft als inneres Erlebnis, Schöpfertum als innigste Nähe von Schöpfer und Schöpfung zueinander. Jetzt herrscht ein schneidender Widerspruch zwischen wahnhaft schöpferischem Tatwillen und Tatsächlichkeit.

Um die soziale Utopie zu retten, hat man nun behauptet, indem Faust sich utopisch vom Gegebenen ablöse, werde seine Vision auch frei von den Verstrickungen und Schuldzusammenhängen, in denen er sich verfangen hat. Die Vision sei der Durchbruch zur reinen Tat, die nun wirklich alle Bedingungen des Menschenlebens hinter sich lasse.[34] Hier leuchte ein letztes Ziel der Menschheit als Orientierungspunkt auf, wie ein Sternbild, nach dem man navigieren kann, auch wenn es unerreichbar ist. Aber zu deklarieren, die Vision sei die reine Tat, heißt nichts anderes, als auch das Umgekehrte zu konzedieren: die reine Tat ist eben keine Tat, sondern etwas anderes, eine Vision. Und noch diese Vision Fausts läßt durchblicken, wes Geistes Kind er ist. »Aufgewälzt kühn-emsige Völkerschaft« klingt verdächtig nach amorph gehäufter Masse, »Gewimmel« nach Ameisenhaufen, »Gemeindrang« nach kollektivem Instinktverhalten. Soll so die tätig-freie Menschheit aussehen?

Noch stärker scheint mir das Argument zu sein, daß Faust sich zwar subjektiv mit seiner Imagination abhebt, aber objektiv innerhalb einer geschlossenen, durchgehenden Situation verbleibt. Durch sie wird hier, wie grundsätzlich im Drama, die dramatische Figurenrede relativiert, in diesem Falle ironisiert – mit den Worten Mephistos: »Man spricht, wie man mir Nachricht gab,/ Von keinem Graben, doch vom Grab.« (Vers 11557f.) Die Situation spricht aber auch gegen die nach der anderen Seite ausschweifende Meinung, Faust halte hier eine der typischen Politikerreden, an die der Redner selbst nicht glaubt und die nur zur emotionalen Aufheizung der Zuhörer bestimmt sind.[35] Denn gerade die Merkmale von Geringschätzung der Menge und damit die Herrschaftsideologie in Fausts Worten bürgen für seine gänzlich untaktische Ehrlichkeit, für die Unverstelltheit seiner Wunscherfüllungsphantasie, in der er am Ende – Egozentriker, der er immer war – alles um sich her vergessen hat und nur noch mit sich beschäftigt ist: der Vorstellung seiner Welt, die andere Menschen lediglich als phantasierte Statisterie bevölkern dürfen. Seine Arbeiter sind ihm viel zu unwichtig, als daß er auf die Idee kommen könnte, sie propagandistisch zu beeinflussen. Was soll es sie auch scheren, ob, wann und warum er seinen höchsten Augenblick genießt? Faust stirbt nicht als propagandistischer Lügner und Volksbetrüger, sondern als Fortschritts-Phantast, der sich selbst zum Opfer fällt. Nicht nur die Revolution, auch die selbstläufig gewordene technisch-industriell-ökonomische Umwälzung verschlingt ihre Väter, die fast alles können, aber nicht wissen, was sie tun.

Das Spatengeklirr, an dem der blinde Faust sich ergötzt, weil er es für das Arbeitsgeräusch der Großbaustelle hält, kommt in Wirklichkeit von den Totengräbern, die ihm sein Grab schaufeln. Es sind »schlotternde Lemuren/ Aus Bändern, Sehnen und Gebein/ Geflickte Halbnaturen« (Vers 11512ff.). Neben der prospektiven Vordeutung der Stelle auf Huxleys Epsilons steht eine traditionelle Bedeutung: Lemuren, Larven, hießen bei den Römern die bösen Geister der Verstorbenen, die aus dem Haus vertrieben werden mußten, um es wohnlich zu machen. In ihrer Eigenschaft als Totengräber und böse Geister ist ihnen das »weite Land« versprochen (Vers 11517f.), das Faust erschaffen will. Fausts Welt, sein Weltentwurf, ist nicht wohnlich, nicht bewohnbar. Sein Ausblick in vermeintliche Vollendung ist Fausts Todesaugenblick. Die Kunstwelt ist phantasmatischer »Wasserboden« (Vers 11137), ein Zwitterding, oben Natur, unten brechende Substruktionen. Damit vollendet sich die prognostische Leistung des Faustdramas. Der Lichtblitz der Ironie holt die gegenwärtige Gesellschaft ein. Die Posthistoire ist ausgebrochen. Die industrielle und wissenschaftliche Revolution ist endgültig ins Zeichen der Naturperfektionierung getreten, wie die Glanzpapierbuntprospekte der Atomlobby zeigen: Saubere subterrestrische Industrien unter cleaner Ferienlandschaft – die Universalidylle. Hoffnungslos unzeitgemäß die ökologische Radfahrerei und Winkelgärtnerei; Gen- und Atomingenieure, Informatiker und Umwelttechniker verheißen die tertiäre Superkultur, die ökologisch mit dem sekundären System aufräumt, das die alte Erde überzogen hat. Mit Fausts Schöpfung allerdings räumt der Tod auf.

Der erfüllte und der leere Augenblick. Pakt und Wette

Bei Fausts Tod sammelt sich die Problematik des entfesselten Strebens noch einmal brennpunktartig im Rückbezug auf die Wette, durch die Faust am Anfang seines Weges mit Mephistopheles den traditionellen Teufelspakt überboten hat (Vers 11581 ff.). Der Pakt besagt, daß Mephisto Faust bis zum Ablauf der Lebensfrist dient, wofür Faust mit seinem Tod dem Teufel verfällt. Faust hat dagegen aufgetrumpft: Er will sofort sterben und dem Teufel gehören, wenn der ihn durch Genuß verleiten kann, zum Augenblick zu sagen: »Verweile doch! du bist so schön!« (Vers 1700). Die Faust-Thematik des Augenblicks ist aufs engste mit der anthropologischen Grundsituation verbunden: Das Tier lebt im Augenblick, aber es erlebt ihn nicht als solchen. Das ist allein dem Menschen mit seinem Vergangenheit und Zukunft umgreifenden Raum-Zeit-Bewußtsein beschieden. Nur wer grundsätzlich in den Kategorien ›Jetzt Hier‹ lebt, an dem imaginären Punkt, wo das, was eben noch Zukunft war, schon Vergangenheit wird, kann die Erfülltheit oder die ekstatische Sprengung oder die Flüchtigkeit und Nichtigkeit des Augenblicks erfahren. Nur dem, der den Augenblick ›hat‹, kann er entfallen, nur er kann ihn verdrängen. Herkömmlicherweise geht es beim Teufelspakt darum, mit Lusterfahrungen die Zeit so zu füllen, daß der Teufelsbündler deren Ablauf aus dem Blick verliert, bis es am Ende der vereinbarten Frist zu einem schrecklichen Erwachen kommt. Die Dienstbarkeit des Teufels besteht in der Ermöglichung ununterbrochenen, scheinbar grenzenlosen Genusses – sei es der Macht, der Liebe oder des Reichtums. Der Teufel verschafft Glücksgaben, die im Augenblick überwältigen, die den Augenblick betrügerisch überwältigen.

Faust hingegen sucht etwas anderes. Daß der Teufel ihn nicht mit Genuß betrügen könne, ist ja gerade die Voraussetzung seines Wettangebots (Vers 1696). Betrug durch Genuß heißt hier die Vorspiegelung, die Welt sei genießbar; doch Faust glaubt das besser zu wissen. Sein Wettangebot ist der Ausdruck eines philosophisch-theologischen Masochismus. In einer Steigerungsreihe wünscht er sich erst den unaufhörlichen Wechsel von Schmerz und Genuß, dann »schmerzlichsten Genuß«, schließlich sogar den Genuß des Scheiterns, das nach Fausts Meinung der ganzen Menschheit zugeteilt ist (Vers 1765 ff.). Das Hinaufschrauben der Glücksziele ins Unerfüllbare und zuletzt Paradoxe der genußvoll zu erlebenden Menschheitskatastrophe monumentalisiert den selbstquälerischen Grundzug, der Faust von Anfang an auszeichnet. Will er sich aufmachen, um die irdische Brust im Morgenrot zu baden, weiß er sich schon im Innersten seines Herzens dazu unfähig. Im Hochgefühl der Makrokosmosvision, im Naturgenuß des Osterspaziergangs lauert auf ihn bereits das Ungenügen. Die Begeisterung bei der Erdgeisterscheinung bricht zusammen in Verzweiflung, und eben dieser Verzweiflung fähig und ausgesetzt zu sein, heißt wieder Fausts »schönstes Glück« (Vers 519). Ist es nicht eine Qual, zwei Seelen in der Brust zu haben, deren eine sich von da hinwegheben will, wo die andere sich mit Lust andrängt (Vers 1112 ff.)?

Faust verlangt vom Teufel äußerste Bewegungsimpulse, die im Nichtgenügen am Vorhandenen (dem gegebenen Ich und der gegebenen Welt) liegen, und verhöhnt Mephisto, weil der offensichtlich das »hohe Streben« des menschlichen Geistes nicht faßt (Vers 1676). »Das Streben meiner ganzen Kraft/ Ist grade das, was ich verspreche.« (Vers 1742 f.) »Nur rastlos betätigt sich der Mann« (Vers 1759). Das Exzessive des Faustschen Veränderungswillens macht ihn zum Verächter des Augenblicks. Er will ihn nicht erfüllen, sondern verbrauchen, vernichten, um eine vom Teufel aufs äußerste zu beschleunigende Flucht neuer und abermals neuer nichtiger Augenblicke in Gang zu setzen und zu halten. Er antwortet damit auf die Erfahrung einer rasenden Welt. »Rast nicht die Welt in allen Strömen fort?« (Vers 1720) Die traditionelle Sinnlosigkeitserfahrung ist die der Leere des Lebens; Fausts Sinnlosigkeitserfahrung ist modern: losgelassene, zweck- und ziellose Abläufe. »Stürzen wir uns in das Rauschen der Zeit,/ Ins Rollen der Begebenheit!« (Vers 1754 f.) Ebenso modern ist sein auf Entfesselung drängendes, hier noch in purer Negativität sich aufspreizendes Streben, das ihn zum Wettangebot an den Teufel treibt. Die Überbietung des Pakts durch die im Fauststoff neue Wette ist der Ausdruck der modernen Dynamisierung der anthropologischen Veränderungsenergie.

Dabei ist Faust so rückhaltlos dieser Dynamik verfallen, daß er die Alternative seines Ungenügens am Vorhandenen gar nicht zu verstehen und zu formulieren vermag und von vorn herein mit einem moralischen Verdikt belegt: »Werd ich beruhigt je mich auf ein Faulbett legen,/ So sei es gleich um mich getan!« (Vers 1692 f.) Aber die Alternative zu Fausts Rastlosigkeit heißt nicht Faulheit; sie heißt volle Genüge, Bereitschaft zum Aufgehen im Augenblick. Wer den Augenblick ausschöpft, will ihn nicht vertreiben; wer im Augenblick aufgeht, hat für den Augenblick die Kategorie ›Augenblick‹ vergessen. Umgekehrt: wer zum Augenblick sagt: Verweile doch! du bist so schön! steht bereits urteilend jenseits des Augenblicks; er ist ihm nicht völlig hingegeben; er hat so viel Bewegungsimpuls, daß er sich, sogar gegen seinen Willen, schon wieder von ihm fortbewegt. Er versucht zu halten, was ihm entgleitet, was ihm nie zuteil war. Indem Faust die Wette so formuliert, hat er sie schon halbwegs gewonnen. Er wird nie beruhigt sein, weil er Ruhe nicht kennt und sich nicht einmal vorstellen kann. Und es fragt sich, ob Mephisto das nicht von Anfang an durchschaut, ob er diese Wette überhaupt gewinnen will. Das Ende des Dialogs zeigt es: Er will Faust nicht beruhigt, sondern festgenagelt in nackter Verzweiflung haben (Vers 1851 ff.), und die Wette ist sein Instrument dafür, das Faust ihm in die Hand gespielt hat.

Faust ist so sehr am Ende in diesem Gespräch, daß ihm sogar das Streben zum Zerrbild geworden ist, weil es keine positiven Ziele mehr hat, sondern nur noch das Negativziel: Widerlegung, darin geistige Nichtigung dessen, was ist. Die Zielsetzungen haben sich seither wieder geändert, aber der Augenblick bleibt Faust bis zuletzt verschlossen. Das zeigt sich, wenn er Gretchen gegenüber die Ewigkeit der Liebeswonne von der Alternative eines Endes in Verzweiflung her bestimmt (Vers 3191 ff.), statt zu verstehen, daß sie durch das Aussetzen der Zeiterfahrung im erfüllten Augenblick zustandekommt; das zeigt sich, wenn Faust

Helena gegenüber Dasein als Pflicht erklärt »und sei's ein Augenblick« (Vers 9418), während doch Dasein im emphatischen Sinne immer nur ein Sein jenseits von Sollen und Wollen, immer nur die vom Leben *geschenkte* Ewigkeit im Augenblick sein kann; das zeigt sich schließlich im Todesmonolog, wenn Faust den Augenblick des Vorgriffs auf das Glück als Glücksaugenblick bedingt anerkennt – denn der Vorgriff springt ja gerade vom gegenwärtigen Augenblick ab, will über ihn hinaus, stößt ihn ins Nichts. Wer im Vorgriff lebt, lebt nicht ganz im Augenblick, lebt im Augenblick nicht ganz. Der Vorgriff ist eine Entscheidung gegen den Augenblick.

Erst hier offenbart sich der Abgrund von Fausts Zukunftsblindheit, ja seiner Zeitblindheit. Faust ist durch die Welt gerannt, aber er hat keine Geschichte gewonnen. Deshalb ist er gegenüber dem Gewordenen – sei es Gretchens Kleinbürgerwelt, sei es der Lebenskreis von Philemon und Baucis – so ahnungslos. Er zeigt in extrem wechselnden Situationen das immer wieder gleiche Verhaltensmuster der Unrast. Er ist veränderungs- und lernunfähig, weil er, genau genommen, trotz der stürmischen Weite seiner Lebensfahrt und seiner vorauseilenden leidenschaftlichen Erfahrungsgier, erfahrungsunfähig ist. Er selbst verschafft sich durch die Grunddisposition seines Verhaltens, was er vom Teufel fordert: »Speise, die nicht sättigt«, »ein Spiel, bei dem man nie gewinnt« (Vers 1678 ff.). Da er alles heranraffen will, läßt er sich auf nichts ein. Da er sich keinem Augenblick wirklich hingegeben hat, hat er in der Tiefe nicht gelebt. Weil er keine Gegenwart gewonnen hat, ist ihm zuletzt die Zukunft zum Spiegelkabinett seiner Illusionen geworden. Nur scheinbar hat sich das Streben aus der Verzweiflung, die nichts als den Wechsel will, ins Konstruktive, damit in die Hoffnung gewendet. Mit der Verbannung der Sorge hat sich Faust, statt Gegenwart zu finden, die Dimension der Zukunft zuinnerst verschlossen, in die er nun, vom Ungenügen am Gegenwärtigen und blendenden Zukunftsbildern vorangetrieben, blind hineinrast. Seine Zukunft ist die black box. Sogar sein Tod ist leer, denn er hat ihn nicht erlebt. Wer sich der Sorge überläßt, verliert die Gegenwart, irritiert durch alles, was diese aus der Zukunft bedroht:

> Er verhungert in der Fülle;
> Sei es Wonne, sei es Plage,
> Schiebt er's zu dem andern Tage,

> Ist der Zukunft nur gewärtig,
> Und so wird er niemals fertig.
>
> (Vers 11462 ff.)

Fausts Exklusion der Sorge jedoch färbt solche gegenwartslose, falsche Zukunftsverhaftung nur um: aus der Drohung in die ruinöse Wunscherfüllungsphantasie. Faust und die Sorge gehören so spiegelbildlich zusammen als Verräter an der Gegenwart.
Mephistopheles hat recht, wenn er sich in diesem Moment nicht auf die Wette beruft, sondern auf den Pakt.

> Der mir so kräftig widerstand,
> Die Zeit wird Herr, der Greis liegt hier im Sand.
> Die Uhr steht still –
>
> (Vers 11591 ff.)

Sie steht still nicht im erfüllten Augenblick. Faust stirbt nicht, weil er die Wettformel, den Wunsch nach Verweilen des Augenblicks, ausgesprochen hat. Die Uhr steht still, weil sie unaufhaltsam, von der Unruhe regiert, abgelaufen ist. Es ist der Todesaugenblick, den Faust, ohne Einsicht in die Situation, festzuhalten versucht war. Mephisto sagt es, in allem Hohn fast ein wenig mitleidig: »Den letzten, schlechten, leeren Augenblick,/ Der Arme wünscht ihn festzuhalten.« (Vers 11589 f.) Faust ist nicht deshalb der Arme, weil er seinen Todesaugenblick festzuhalten versucht; sein letzter Augenblick ist nicht deshalb leer, weil es der Todesaugenblick ist, sondern weil er noch den letzten Augenblick seines Lebens durch blindes Vorausstarren entleert und fortgeworfen, verworfen hat. Noch einmal ist Faust repräsentativ durch Übertreibung dessen, was die Moderne treibt. Die moderne Weltbegegnung ist generell erfahrungsarm. Nur wer Zeit hat, macht Erfahrungen.
Niemand in der älteren Faustforschung hat die Zwielichtigkeit der Faustgestalt im fünften Akt, vor seinem Tod, so scharf gesehen und formuliert wie Benno von Wiese schon 1948 in seiner tragödiengeschichtlichen Darstellung »Die deutsche Tragödie von Lessing bis Hebbel«. Sie setzte ein Datum in der Faustforschung, nach dem es nicht mehr möglich gewesen sein sollte, eine Aufhellung Fausts entgegen dem Dramentext vorzunehmen. Er schreibt: »(...)es gibt in der deutschen Dichtung kaum etwas Schaudervolleres als den alten, von Dämonen umstrickten Faust, der eben noch erneute Schuld mit der Zerstörung des Häuschens von Philemon und Baucis auf sich geladen hat, der das schleichende Gespenst der Sorge herrisch abwehrt, um noch erblindet

an der Unbeirrbarkeit eines Lebensglaubens festzuhalten, den man ebenso als eine tragische Illusion wie als Bekenntnis einer nie ermüdenden tätigen Seele bezeichnen kann«.[36]

Dichtung, Natur, Gesellschaft.
Die Kunst bedenkt sich selbst

Blickt die Faustdichtung auf die Moderne, dann fällt ihr Blick auch auf die Dichtung selber. Noch darüber spricht das Faustdrama im Rahmen unserer Thematik. Mitten im technisch-ökonomischen Getümmel des fünften Akts steht Lynkeus, eine von Goethe aus der Argonautensage übernommene, erstmals im Helena-Akt auftauchende Figur. Der Name bedeutet ›der Luchsäugige‹ und verweist zunächst auf seine Tätigkeit als Schiffssteuermann, der ja von Berufs wegen Klarsicht und genaues Orientierungsvermögen braucht. Schon im Helena-Akt hat Lynkeus ein Doppelgesicht: Er ist neben Faust am tiefsten empfänglich für das in Helena erscheinende Schöne. Dessen Anschauung begeistert und verwirrt ihn so sehr, daß er seine Aufgabe als Turmwärter vergißt. Im Krieg jedoch war er ein besonders scharfblickender Beutemacher, der nun seine schönsten Beutestücke, unermeßliche Schätze an Gold und Edelsteinen, zur Huldigung für Helena herbeischleppt. War er zunächst von einem hemmungslosen Erwerbstrieb beherrscht, so vergißt er jetzt, von der Schönheit ergriffen, Besitz und Eigennutz, ja sogar sein Amt als Späher, der die Burgbesatzung vor Überraschung und Überrumpelung zu schützen hat. Er geht in der Anschauung und im Preis, ja in der Anbetung der Schönheit der Welt auf.
Aber die mit der Hingabe seiner Schätze verbundene Überführung von Wert in Schönheit ist – in ihrer Einseitigkeit – nur scheinbar. Indem die Beute lediglich als Schönes und Schmückendes angesehen wird, gerät in Vergessenheit, daß Raub und Mord, Plünderung und Gewalttat an ihr kleben. Das Schöne ist als Schönes herrlich und seine Erkenntnis und Anerkenntnis verherrlicht auch den Menschen. Es kann jedoch auch die Skrupellosigkeit der Machthaber ›entschuldigen‹ und vom Schrecklichen der Welt ablenken, so wie Fausts Vereinigung mit Helena, der Erscheinung des vollkommen Schönen und in Schönheit Vollkommenen, die Auschließung und das Vergessen irrer Kriegszüge zur Voraussetzung hat. Heftig schleudert Phorkyas, die antike Maske des Mephisto,

den Liebenden Faust und Helena, die sich aus der Geschichte in eine Sphäre der Schönheit und des Glück zurückziehen, entgegen:

> Buchstabiert in Liebesfibeln,
> Tändelnd grübelt nur am Liebeln,
> Müßig liebelt fort im Grübeln,
> Doch dazu ist keine Zeit.
> Fühlt ihr nicht ein dumpfes Wettern?
> Hört nur die Trompete schmettern,
> Das Verderben ist nicht weit.
> (Vers 9419 ff.)

Es droht nicht nur von außen, sondern in Helena selber, dieser abgründigen Gestalt, deren Schönheit das schrecklichste Leid, den fürchterlichsten Mord der Völker untereinander im Trojanischen Krieg ausgelöst und all das unberührt durchschritten hat.

Die gleiche Ambivalenz, die sich an Lynkeus im Helena-Akt zeigt, tritt im letzten Akt des Dramas im Bereich der gesellschaftlichen und ökonomisch-technischen Machtausübung abermals hervor. Zuerst ist uns Lynkeus begegnet, wie er durch ein Sprachrohr den Ruhm des Kolonialherrn Faust verbreitet (Vers 11143 ff.). Das Sprachrohr wurde in der Seefahrt, etwa zur Verständigung zwischen Schiffen auf Distanz, verwendet, kommt aber in der Goethezeit auch als Metapher für Mittel der Meinungsmultiplikation und -verstärkung überhaupt vor; so nennt Jean Paul im übertragenen Sinne die Druckerpresse ein Sprachrohr.[37] Es ist ein technisches Medium der Überwältigung des Adressaten, des Befehlens, der Agitation und der Werbung. Wer durch das Sprachrohr spricht, ist angestrengt und strengt an. Es begegnet demnach hier eine Urszene der Medienkritik, speziell an der affirmativen Rolle der Medien bei der Stabilisierung von Herrschaftssystemen.

In wuchtenden vierhebigen Jamben wird eine Glücks- und Erntesituation geradezu eingehämmert – in vollem Widerspruch zum eigentlich ruhevollen Gesamteindruck, von dem die Rede ist. Die abendliche Heimkehr der Schiffe in den Hafen, von der Lynkeus berichtet, ist ein geläufiges Bild für Lebensernte und Fülle des gelebten Lebens. Darin schwingt auch, besonders in der religiösen Wendung des Motivs, untergründig Todesahnung, positiv gewendet zur Jenseitsverheißung, mit. In dieser traditionellen Art wird Lynkeus' Thema präludiert von der Rede des Philemon zum Wandrer:

> Komm nun aber und genieße,
> Denn die Sonne scheidet bald. –
> Dort im Fernsten ziehen Segel,
> Suchen nächtlich sichern Port.
> Kennen doch ihr Nest die Vögel;
> Denn jetzt ist der Hafen dort.
> (Vers 11097 ff.)

Hier ist die menschliche Lebensordnung in der Weise des idyllischen Weltbildes auf die Naturgegebenheiten zurückbezogen; die Schiffe ähneln in ihrem Verhalten dem der Vögel.
In Lynkeus' Verlautbarung ist das Motiv gegen seinen ursprünglichen Sinn gewendet. Mag er das Ziehen der Schiffe »munter«, später das Segeln des Kahns sogar »froh« nennen; mögen »bunte« Wimpel »wehen« und mag auch der Kahn »bunt« heißen; das Bild der Ruhe tendiert trotzdem zu einer eigentümlichen Starre und Leblosigkeit, am deutlichsten bis zur Sprachverbiegung in den Verszeilen: »Ein großer Kahn ist im Begriffe,/ Auf dem Kanale hier zu sein.« Dieser Satz wäre eine stilistische Unmöglichkeit, diente er nicht dem Ausdruck einer Lebenslähmung, der sich gegen die Intention des Rhetors zur festlichen Ruhmredigkeit durchsetzt. Das dem Rationalbereich zugehörige Wort ›Begriff‹, noch dazu in den Reim gestellt, zerschlägt jede lyrische Stimmung. Die Ersetzung eines Bewegungsverbs durch das Zuständlichkeit aussagende Hilfsverb ›sein‹ und die Partizipialkonstruktion stellen still. Bei alledem wird noch den leblosen Gegenständen und Sachen metaphorisch unterstellt, sie repräsentierten eine dem Allmächtigen Faust zuhandene Welt, in der selbst die starren Schiffsmasten bereitwillig ihre Dienste anbieten – eine verführerische Sicht der Dinge, die uns schon bei Mephistopheles begegnet ist (Vers 11223 f.).
Die Munterkeit der Schiffe, die Fröhlichkeit der Wimpel, die Dienstbereitschaft der Masten laufen zusammen in der dem Bootsmann – der Lynkeus ja selbst einmal war – zugesprochenen Seligkeit. Sie soll ihm nach dessen Vorstellung aus seiner Identifikation mit Faust fließen. Der Seemann wird demnach gedacht als ein Mensch, der so weit auf Eigenexistenz verzichtet, daß er sich in seinem Herrn und Arbeitgeber selig preist. Seligkeit ist ein religiöser Begriff; in jemandem selig sein oder sich selig preisen ist eine Redewendung, die nicht auf das Verhältnis von Mensch zu Mensch, sondern auf das Anbetungsverhältnis von Mensch zu Gott paßt: der Gläubige preist sich im Herrn selig, nämlich in ihm zur

eigenen Seligkeit aufgehoben. »In ihm leben, weben und sind wir« heißt es in der neutestamentlichen Apostelgeschichte 17, 28 über des Menschen Beziehung auf Gott. Das ist das Gegenteil der Selbstauslöschung, die in der von Lynkeus vorgenommenen Säkularisation der Redewendung steckt. Am Ende grüßt noch das personifizierte Glück, die Göttin Fortuna, den Machthaber »zur höchsten Zeit«: Der Todes- und Ewigkeitsaspekt des Heimkehrbildes ist abgeschnitten; der Abend, der sich ja immer zur Nacht neigt, ist sinnwidrig zur »höchsten Zeit«, dem Mittag, uminterpretiert. Jedoch alle diese Künste helfen nichts, die Sprache kehrt sich gegen den Sprecher: Es ist höchste Zeit heißt auch – es ist der letzte Augenblick. Das Symbol vom Rad der so unzuverlässigen Glücksgöttin drängt sich auf, das die Menschen am höchsten Punkt der Umdrehung schon versinken läßt. Und wenn Lynkeus sich noch so viel propagandistische Mühe gibt – sein Abendgedicht ist auch ein Lied vom Tod. Abgekehrt vom Jenseits, ins Innerweltliche gewendet, gerät das vermeintliche Glücksgedicht zum Spruch vom Ende.

Lynkeus tut sein bestes, um als ›Schönredner‹ Fausts finsteres Herrschaftssystem ›schönzureden‹, aber es gelingt ihm schlecht. Wie selbstverständlich setzt sich das schüttere Abendläuten des »Glöckchens«, das von der Kapelle der Alten Philemon und Baucis herübertönt und zum Gottesdienst ruft, gegen den durch das Sprachrohr dröhnenden Muezzin der Faustideologie durch. Verkündet er die Seligkeit des Mächtigen und im Mächtigen, so erinnert das Glöckchen an die Seligpreisungen der Bergpredigt, die den Friedfertigen, den Gerechtigkeitssuchern, den geistlich Armen, den Leidenden gilt. Soll laut Lynkeus der Bootsmann in Faust selig sein, ist Fausts erstes, den Propagandisten Lügen strafendes Wort der Fluch »Verdammtes Läuten«. Seine tiefe Erregung – »Allzuschändlich/ Verwundet's, wie ein tückischer Schuß« (Vers 11151 f.); »Vor fremden Schatten schaudert mir« (Vers 11160); »Das Glöcklein läutet, und ich wüte« (Vers 11258) – legt es nahe, im Kontrast von Seligkeit und Verdammnis den Gegensatz von Himmel und Hölle anklingen zu hören.

Vielleicht liegt der tiefste Zorngrund Fausts darin, daß er die Botschaft des Glöckchens untergründig sehr wohl versteht, aber sich dagegen sperrt, denn es gilt, sein Selbstbewußtsein festzuhalten. Wenn der Chorus der gewaltigen Gesellen, wie früher bereits zitiert, Lynkeus' Glückwunsch höhnisch aufnimmt, wenn Lynkeus die Auftürmung von »Kisten, Kasten, Säcken« (Vers 11166) durch die Schiffe preist, die Faust dann doch mit einem »widerlichen« Gesicht (Vers 11194) quittiert, vervollständigt sich der triste Eindruck. Der kumpelhafte Gruß der Gewalttäter belastet Faust mit der Verantwortung für alle Verbrechen, die in seinem Namen zur Erzielung dieser Erträge begangen worden sind. Hat Lynkeus im Helenaakt den Raubcharakter seiner Schätze vergessen gemacht, indem er sie der Schönheitskönigin Helena übereignete, so wird auch jetzt die Räuberei frohgemut verklärt, und wenn unter Fausts bösem Blick die sinnliche Präsenz der Güter der Welt zu Recheneinheiten zusammenschrumpft, so entsteht eine kontrastive Rückverweisung auf die Problematik von Lynkeus' Geschenk an Helena. Dort wird das Leiden verleugnet, das an den Dingen klebt – an den schönsten oft am meisten – hier wird das gewichtige Dasein der Dinge verdrängt; dort werden die Güter zum Schönen sublimiert, hier auf den Preis reduziert.

Wenig später begegnen wir Lynkeus abermals, und wie im Helena-Akt ist er nun wieder Türmer. Er nennt und bekennt sich (Vers 11288 ff):

> Zum Sehen geboren,
> Zum Schauen bestellt,
> Dem Turme geschworen,
> Gefällt mir die Welt.

Innere Bestimmung und Amt fühlt er in glücklicher Koinzidenz. Er weiß sich in diesem Augenblick der Praxissphäre entnommen. Er hat erreicht, was er einst anstrebte, als er, seine Schätze der schönen Helena zubringend, aus der realen Wirklichkeit mit Not, Tod, Raub und Gewalt herauszuflüchten versucht hatte. Nun ohne Sprachrohr und ohne Zuhörer, ohne Ruhmredigkeit und ohne metrische Wucht, singt er vor sich hin, spruchhaft fast und doch schwebend, ein Lied zum Ruhm der Schöpfung, aber nicht der Pseudoschöpfung Fausts oder der Menschen.

> Ich blick' in die Ferne,
> Ich seh' in der Näh'
> Den Mond und die Sterne,
> Den Wald und das Reh.

Dort der Redner – hier der Sänger, das ist bedeutend, denn der Gesang kommt aus der Tiefe, der Einheit des Menschen mit sich. Er ist Sprache, Klang und Atem in einem. Lynkeus lobt singend die Harmonie, die Übereinstimmung der Natur mit sich selbst in allen ihren Gestaltungen, ihre »ewige Zier«. Er tut es in tiefer Nacht; das Reh, das er singend imaginiert, dürfte keinen Platz in Fausts planquadratischer Welt haben. Was sich als Anschauung von Naturschönheit gibt, ist Vision. Ihr Schmerzliches, das vom Sänger offenbar akzeptiert wird: Der Mensch kommt nicht (mehr) in ihr vor. Trotzdem ist er der Träger, der Hervorrufende der Vision.

Die Voraussetzung für das Glück und die innere Wahrheit dieses Schauens, das den Visionär in tiefe Übereinstimmung mit sich und der Welt bringt, ist klar benannt: Nur wer aus der Welt weggetreten ist, wer sich von Praxis suspendiert hat, wer im Turm sitzt, kann sie so in den Blick nehmen und loben. Das Lied zieht nicht eine Summe von Welterfahrung, sondern – exakt – von Weltanschauung.

> Ihr glücklichen Augen,
> Was je ihr gesehn,
> Es sei wie es wolle,
> Es war doch so schön!

Wenn Faust im Helena-Akt Arkadien poetisch hervorruft, ist er auch als Poet Absolutist. Er schließt die Handlungswelt als Gegenposition aus und verfällt so Phorkyas' oben zitierter Schelte an der Wirklichkeitsvergessenheit, der er und Helena sich im dichterischen Vermählungsspiel hingeben. Lynkeus' Gesang hingegen bleibt der Handlungswirklichkeit gewärtig, indem er die Beurlaubung von Praxis als Bedingung der Möglichkeit poetisch evokativer Anschauung benennt. In Worten, die Evokation und Reflexion verbinden, sagt Lynkeus aus: Schönheit ist eine Kategorie menschlicher Anschauung, die nicht einfach Rezeption des Vorhandenen ist, sondern ein visionäres Moment in sich trägt. Damit ist auch die sentimentale Verwechslung von gegebener außermenschlicher Natur und menschlichen Ganzheitssehnsüchten, das Vexierspiel von innermenschlicher und außermenschlicher Natur vorbei, bei dem die Seele der Natur und die Natur der Seele untergeschoben wird – so Faust im ersten Monolog oder in der Szene »Wald und Höhle«. Jetzt heißt es: Hier die Natur, da der Mensch. Kein Tauschgeschäft. »Und wie mir's gefallen,/ Gefall' ich auch mir.« Der Mensch betrachtet sich selbst und akzeptiert sich als den, der die visionär angeschaute Welt akzeptiert. Sie ist, aus dem Material des Vorhandenen geformt, ein Gegenwurf zum Vorhandenen, seine Ansicht als vorbildlich Seiendes.

Aber die Beurlaubung des Mannes der Kunst von der Praxis hat keine Dauer, sie ist unhaltbar. Die düstere Realität holt ihn ein, ja sie hat den

Augenblick der Anschauung des Schönen von vorn herein schon unterlaufen. Und so folgt dem Loblied des Lynkeus schneidender Jammer, in dem er sich – sei es widerstrebend – als Chronist der Tatwelt stellt: »Welch ein greuliches Entsetzen/ Droht mir aus der finstern Welt!« (Vers 11306 ff.) Lynkeus, der noch eben seine glücklichen Augen gepriesen hat, muß nun ihre Weitsichtigkeit beklagen, denn sie macht ihn zum Augenzeugen des Brandes, in dem die Idylle von Philemon und Baucis untergeht. Mephistopheles und seine Gesellen müssen ihr Zerstörungswerk bereits begonnen haben, als Lynkeus noch so zufrieden und selbstzufrieden sang. Jetzt berichtet er in der dramatischen Technik der Mauerschau von der Katastrophe. Doch auch das ist nicht das letzte Wort. Zwischen dem Loblied und der Schreckensschilderung steht die Bühnenanweisung »Pause«, die nun noch einmal aufgenommen und gesteigert wird: »Lange Pause, Gesang.« Dieser neuerliche Gesang umfaßt nur zwei Verszeilen: »Was sich sonst dem Blick empfohlen,/ Mit Jahrhunderten ist hin.« (Vers 11336 f.) Was da erklingt, ist in aller Kürze eine Elegie, die gemäß dem inneren Prinzip dieser Gattung nicht nur eine Summe des Verlusts zieht, sondern das Verlorene auch durch Klage verherrlicht und verewigt. Die letzten Wörter der beiden Elegiezeilen reimen auf die Endwörter der letzten Zeilen des Berichts. Somit ist in der Form angezeigt, daß die elegische Klage abgehoben und zugleich streng auf das Geschehene bezogen ist. Die Elegie beschönigt nicht, indem sie den Jammer in die Sphäre der Kunst hebt. Sie richtet, klagend und in der Klage verklärend, im rückblickenden Erinnerungsbild ein Vorbild auf.

Ist Lynkeus Agent des Machthabers Faust als Propagandist und Illusionist? Auch, aber nicht nur, und auf diesen Rest kommt es an. Faust rast einer Fata Morgana technisch elaborierter und begradigter Natur nach. In ihr singt Lynkeus durchs Megaphon einen scheppernden, religiöse Klischees aufbietenden Propagandasong auf den Machthaber und Menschheitsbeglücker Faust. In dieser makabren Umgebung hält Lynkeus aber auch durch sein späteres Loblied das Bild einer ursprünglichen Schöpfungsordnung lebendig, die in der Kunst überwintert. Sie ist das verbliebene Regulativ zu Fausts manipulierter Natur. Die Elegie stellt die Gegenwart unter das Urteil der von ihr verdrängten Vergangenheit. Sie rettet geistig die praktisch abgetötete Geschichte. Lynkeus' Botenbericht vom Turm herab, ermöglicht durch Augen, die sehen müssen, auch wenn sie nicht mehr sehen wollen, legt unerbittlich Zeugnis ab, oder doch fast unerbittlich.

Denn seine Augen haben bei aller Klarsicht doch das Entscheidende nicht wahrgenommen, was für den Angestellten Fausts zu sehen höchst untunlich gewesen wäre: daß die Zerstörung nicht etwa ein »Abenteuer« in der Wortbedeutung eines Unfalls (Vers 11319; zum Wortgebrauch vgl. Vers 11074), sondern eine Untat ist, die Faust zu verantworten hat, weil sie von seinem Personal bei der Durchführung eines Befehls begangen wird. In genialer Engführung verschlingt Goethe derart die differenzierte Darstellung der Leistungsmöglichkeit der Kunst mit der Vergegenwärtigung ihres Defizits. Er verbindet die Verkündigung des unverzichtbaren und unverkürzten, alle Pragmatik hinter sich lassenden Anspruchs auf eine menschen- und naturgemäße Welt in der Kunst mit der Kritik an ihrer praktischen Ohnmacht, ja ihrer Komplizenschaft mit schlechter Praxis. Das Faustdrama durchleuchtet damit sich selbst: Es stellt dar, was es, die Welt darstellend, in der Welt und für die Welt leistet und nicht leistet. Der Künstler Lynkeus als tatenloser Seher der Bilder bringt das Vollkommene als visionäres Weltbild zum Aufscheinen, währender der blinde Täter und falsche Prophet Faust seine beste aller Welten zu vollenden wähnt.

Ist der Mensch zu retten?
Streben und Liebe. Geschlechtersymbolik und Erlösung

In diesem Wahn stirbt Faust. Aber sein Tod ist nicht das letzte Wort des Faustdramas; und schon das erste Wort über Faust weist darauf vor. Es ist sein Name, der von Goethe nicht einfach als historisches Faktum übernommen, sondern auch in seiner Symbolbedeutung – ›faustus‹ heißt ›glücklich‹ – gelesen wird: »Faustus, mit Recht der Glückliche genannt«, heißt es in einem Paralipomenon zu »Faust II«.[38] Das klingt im Blick auf seinen zurückliegenden Lebenslauf und auf seine Verneinung der Möglichkeit menschlichen Glücks wie Ironie, aber es ist anfängliche, vor sein Bewußtsein zurückreichende Verheißung eines ihm trotz allem zukommenden, eines auf ihn zukommenden Glücks. Am Ende wölbt sich über einem von Faust erzeugten gigantischen Trümmerhaufen der Bogen der Erlösung.[39] Gericht und Gnade greifen, nach neutestamentlichem Vorbild, ineinander. Das befremdet als Perspektive und als Lösung. Verengt sich damit nicht das Menschheitsdrama, das im zweiten Teil zur Vision und Kritik der modernen Gesellschaft vorangetrieben wird, zum Drama des großen Einzelnen und seines metaphysischen Schicksals? Wenn die von Faust erzeugte Welt untergeht, was interessiert dann noch seine persönliche Unsterblichkeit und Erlösbarkeit?

Diese Frage ist falsch gestellt. Gerade weil Faust bei Goethe Menschheitsrepräsentant ist, muß sich die Frage der Erlösbarkeit stellen. Der Faust des Volksbuchs, Marlowes oder des alten Puppenspiels ist diskussionslos verdammt, weil er als einzelgängerischer Irrläufer die Bahn des Menschen verläßt. Seine Höllenfahrt dient der Menschheit als warnendes Exempel. Bereits Lessing, der in Faust »Menschheit und Wissenschaft« verkörpert sieht, muß eine Rettung Fausts ins Auge fassen, will er nicht in ihm die Menschheit verlorengeben. Er behilft sich mit einem Trick: Der Faust der Dramenhandlung ist ein Phantom, eine Traumgestalt des schlafenden, wirklichen Faust, der mit Hilfe dieses lehrreichen Traums von der Vorsehung gerettet wird. Goethes Faust kann so leicht nicht davonkommen. Er hat als Menschheitsfigur eine schreckliche Spur nicht nur der Erkenntnisirrtümer, sondern der Fehlhaltungen und -handlungen gezogen. Die Frage nach seiner Erlösbarkeit ist die Frage nach der Erlösbarkeit der Menschheit mit ihrem zentralen Antriebsmoment, dem Streben. Das Drama stellt es zuletzt nicht unter eine moralische, sondern unter eine religiöse Kategorie. Erlösung wird nicht durch Verdienste oder Selbstvervollkommnung erworben, vielmehr gewährt durch eine Macht, die uns vorausliegt und in deren Strahlkreis wir uns vorfinden. Erlösung kann selbstverständlich nur da eine akzeptable Kategorie sein, wo eine erlösende Instanz angesetzt wird. Das ist im Faustdrama der Fall, auch wenn es äußerst schwierig ist, sie dingfest zu machen, so daß ich bisher den metaphysischen Rahmen des Dramas kaum berührt habe. Trotzdem ist es zuletzt auch aus der Logik meiner begrenzten Fragestellung heraus notwendig, wenigstens einen Ausblick auf den metaphysischen Horizont zu werfen.

Die Schwierigkeit, die erlösende Instanz des Dramas zu fassen, liegt darin, daß Goethe sie nur gleichnishaft aufleuchten zu lassen vermag. Das »Vorspiel auf dem Theater« perspektiviert alle metaphysischen Figurationen des folgenden Dramas vom »Prolog im Himmel« bis zum Erlösungsspiel am Ende des Dramas. Der Herr des Prologs ist ebenso wie die Mater gloriosa des Schlusses nur eine aspekthafte und theatralisch rollenhafte Repräsentation des Göttlichen, das bei Goethe panentheistisch vorgestellt ist: als eine weltbegründende, gleichwohl innerweltliche Liebes- und Schöpfungskraft. Alles, was ist, geht aus diesem Grund hervor, aber in diesem Hervorgang entfernt es sich auch von ihm. Die radikale Personifikation dieser Entfernungstendenz ist im Drama Mephistopheles. Auch das Entfernteste ist auf den göttlichen Grund rückbezogen, und alles Dasein ist eine Bewegung von diesem Ausgang weg und zu ihm zurück, ein Pulsieren in dieser Spannung. Die Kategorie der Erlösung ist in unserem Kulturkreis jüdisch-christlich geprägt, aber es ist klar, daß sie in der Goetheschen Konzeption eine ganz eigenartige Wendung erfahren muß. In Judentum und Christentum ist Erlösung eine Heimholung des Menschen aus aller Daseinsnot und Schuld durch einen Vatergott. Bei Goethe ist sie Rückkehr in den Liebes- und Schöpfungsgrund des Daseins. Für den Menschen bedeutet das die personale Unsterblichkeit seiner Entelechie, eines individuellen Personkerns, der in unendlichen Wandlungen immer neuen Daseinsstoff an sich zieht und organisiert.

Warum bedarf Goethe im Faustdrama dieser Kategorie der Erlösung? Die Antwort liegt in der eingangs skizzierten Konstellation: Weil der Mensch, indem er strebend sich bemüht, das heißt sich der anthropologischen Veränderungsenergie überläßt, in eine Schuldexponiertheit eintritt, die mit seinem Menschsein gegeben ist: »Es irrt der Mensch, solang er strebt«. Dieses Irren ist nicht allein ein Erkenntnismangel oder -fehler – obwohl dieses Erkenntnismoment eine besondere Rolle spielt: Das Handeln des Menschen reicht weiter, als seine ›Vorsicht‹ –; das Irren ist ein tatsächliches Herumirren, ein Begehen von Irrwegen. Was auf diese Weise angerichtet wird, kann der Mensch weder voll erfassen noch völlig wiedergutmachen. Erführe er nur Recht, wäre er nicht zu rechtfertigen. Er benötigt Gnade und Erlösung.[40] Er muß aus der Verstrickung herausgelöst werden. Und das ist grundsätzlich zugesagt, auch Faust: »Wer immer strebend sich bemüht,/ Den können wir erlösen« (Vers 11936 f.).

Dieser im Druck des Endspiels hervorgehobene Satz heißt nicht etwa, Faust werde erlöst, weil er sich bemüht habe, das Gute zu tun oder ein guter Mensch zu sein. Das hat er nicht. Er hat, wie gezeigt, egozentrische und absolutistische Ziele verfolgt. Er wollte unbedingt sein. Er wollte sein wie Gott. Aber diese Ziele waren Extremierungen der anthropologischen Veränderungsenergie, in diesem Sinne ›Streben‹, und alles Unheil, alles Böse, alle Verbrechen, die aus seiner Lebensführung geflossen sind, liegen im Rahmen dieses Strebens. Da er gewaltig gestrebt hat, hat er auch gewaltig geirrt. Aber er verkörpert nicht, wie Mephistopheles, das Prinzip der Negation und Destruktion. Wie bereits früher festgestellt, hat er nicht das Böse um des Bösen willen getan. Er hat es in Kauf genommen, und das ist schlimm genug, doch nicht gewollt. Das wäre ein Irren, das nicht mehr durch das Streben gedeckt ist und für das es im Text des Dramas auch keine Erlösungszusage gibt. Sie gilt nicht allem und jedem. Nur das Irren, das im Rahmen und in der Konsequenz des Strebens liegt, soll in Erlösung aufgehoben werden.[41] Noch darin liegt ein Skandal; aber es ist eine gnadenvolle Überwältigung, nicht eine Auslöschung von Schuld.

Bedeutet das nun, der Trümmerhaufen, den Faust zurückläßt, ist unvermeidlich, nichts anderes als die logische Konsequenz des dem Menschen eingesenkten Strebens? Keineswegs. Wir sind davon ausgegangen, daß Faust Menschheitsrepräsentant ist, aber als großer einzelner, als Extremfigur. Sie steht auf dem Boden des Individualismus seit der Goethezeit, der das individuelle Selbstsein zum zentralen Wert erklärt. Fausts Entschlossenheit zur universalen Selbstverwirklichung, sein Gefühl, eine Welt in sich zu tragen (Vers 490 f., 778, 1560, 3285 ff.), die emphatische Rede von ›seiner‹ Welt (»Das ist deine Welt! das heißt eine Welt!« Vers 409), erweisen seine Gründung im Originalitäts- und Geniekult aus dem letzten Drittel des 18. Jahrhunderts. Hier ist der Punkt, an dem Hiobgeschichte und Teufelspaktgeschichte sich bei Goethe verschränken: Die Teufelspaktgeschichte stellt den großen einzelnen zur Verfügung, aber als verdammten Einzelgänger. Wo das spätmittelalterlich-frühneuzeitliche Drama Menschheit und Menschenlos schlechthin verhandelt – etwa in den englischen Moralitäten, die ihre Spur auch in Goethes »Faust« hinterlassen haben, oder im Jedermann-Spiel – da wird der Mensch als Typus, eben als Jedermann gefaßt. Die Hiobgeschichte hat für Goethe ihre wichtigste Bedeutung als Geschichte des großen einzelnen, der gerettet wird und nicht als Typus, sondern als Repräsentant für die Menschheit einsteht. Eine goethezeitliche Menschheitsfigur, die nicht als eigentümliches Selbst konzipiert wäre, bliebe flacher Durchschnitt, dem das für den Menschen wichtigste, der individuelle Personenkern, fehlt.

Daß aber einer ein einzelner und zugleich Menschheitsfigur sein kann, ist in letzter Instanz, implizit, wiederum in der anthropologischen

Grundsituation begründet, die im Goethezeitlichen Individualismus durch Thematisierung expliziert wird: Menschsein gibt es nur als Einzelnsein. Obwohl biologisch ein Hordenwesen, erfährt sich der Mensch immer als einzelner und darin abgehobener. Gewiß ist auch das Tier ein Einzelexemplar, aber es weiß und reflektiert sich nicht als ein ›Selbst‹; es denkt und sagt nicht ›Ich‹, wie der Mensch. Im Sturm und Drang, dem neuen Naturkult, ist diese Gegebenheit zum Programm ursprungshafter Eigentümlichkeit und Spontaneität geworden.

Im Selbstsein gründet die für den Menschen kennzeichnende Erfahrung der Grenzsituationen des Lebens: der Liebe und des Todes. Das Tier ›ist‹ und stirbt fraglos, aber der Mensch als ein Selbst lebt sein Leben im Angesicht des Todes und in Auseinandersetzung mit ihm, ob er es wahrhaben will oder nicht. Auch Verdrängung ist eine Reaktion. Da der Mensch sein Dasein als Selbstsein erfährt, sieht er in sich, in jedem Menschen die Menschheit sterben. Hier hängen die anthropologische Veränderungsenergie und die eigentümlich menschliche Todeserfahrung unlösbar miteinander zusammen. Der anthropologische Imperativ: Es soll anders werden! ist die Antwort des Menschen auf den Tod und die in ihm sich zusammenfassende Bedingtheit der Existenz, die in ihm gründende radikale Infragestellung jedes Lebenssinnes. Die andere Antwort ist die Unsterblichkeitssehnsucht, die Sehnsucht, in einem übergreifenden Zusammenhang akzeptiert, bewahrt und aufgehoben zu sein. Vom Bewußtsein des Selbstseins ist auch die Liebe geprägt. Die tierische Sexualität funktioniert gattungshaft. Die menschliche Liebe richtet sich, soweit sie nicht in apersonale Sexualität zurückfällt, auf ein Selbst und meint Hingabe eines Selbst. In dieser Hingabe liegt das Todesmoment der Liebe, denn das Ich geht in der Liebe momenthaft unter; in dieser Hingabe kann aber auch das Unsterblichkeitsmoment der Liebe liegen, denn aus dem Untergang gewinnt das Ich sich zurück, erfährt sich entzückt im Wechselblick mit dem anderen Ich, erlebt sich und das andere Ich als ›Wir‹, als Einheit und Ganzheit, darin Unbedürftigkeit. In der Liebe vornehmlich, als der Weise höchster Rückhaltlosigkeit, ist der erfüllte Augenblick geschenkt.

Mit diesen Allgemeinheiten sind wir dicht an der Faustgestalt. Faust praktiziert einseitig das Streben als Selbstverwirklichung. Er kennt zwar die Sehnsucht nach Hingabe so weit, daß er sie zu ahnen und zu beschreiben vermag, aber er vollzieht sie nicht. Denn in jeder Hingabe liegt ein Akzeptieren, ein Einklang in das Ganze, ein Vertrauen und sich selbst Loslassen, und das gelingt Faust nicht. Charakteristisch die Osternacht, wo die Erinnerung an der »Himmelsliebe Kuß« (Vers 771) seine Tränen löst und ihn vom Selbstmord zurückhält. Aber sogar in diesem Augenblick dominiert der empfindsame Selbstgenuß. Was Faust nicht hört, ist der mitmenschliche Auftrag der österlichen Liebesbotschaft.

> Tätig ihn Preisenden,
> Liebe Beweisenden,
> (...)
> Euch ist der Meister nah,
> Euch ist er da!
> (Vers 801 ff.)

Letztendlich nimmt Faust Hingabe nur entgegen. Er verwirft den Augenblick. Sein Streben ist unbedingt und richtet sich auf Unbedingtheit. Das ist sein Grundirrtum, die Grundverfehlung in seinem Streben, denen alle Katastrophen und Verbrechen seines Lebenslaufes entspringen. Denn Liebe und Hingabe sind die regulierenden und richtunggebenden Kräfte des menschlichen Strebens, die nicht ungestraft vergessen werden. »Der Mensch ist nicht eher glücklich, als bis sein unbedingtes Streben sich selbst seine Begrenzung bestimmt«, heißt es in »Wilhelm Meisters Lehrjahren« bei Auslegung des »Lehrbriefs«.[42]
Die Beschreibung des Strebens als anthropologischer Grundimpuls degradiert die Liebe nicht zum Sekundärphänomen. Besagt ist lediglich, daß Liebe als spezifisch menschliche Möglichkeit sich im kulturellen Raum entfaltet, der durch das Streben eröffnet ist. Der Mensch als strebendes Wesen entdeckt die Liebe als menschliche Lebensäußerung. Und doch wäre ohne vorgängige Liebe, auch wenn der Strebende das vergißt oder vergessen hat, kein Streben, weil kein Ich vorhanden, denn in der bei Goethe geglaubten Göttlichkeit der Elementarmacht Liebe ist die Steigerung, die sie im Menschen erfährt, schon gegeben und vorweggenommen. So bedarf der Mensch der Liebe in seinem Streben und hat ein Moment des Strebens in seiner Liebe. In Goethescher Polaritäts-Terminologie: zwischen Verselbstung und Entselbstigung, zwischen Einatmen und Ausatmen pulsiert das Leben. Hier ist auch die Basis der Goetheschen Geschlechtersymbolik, von der schon die Rede war. Wir erinnern uns: männlich codiert sind Verselbstung, Ichenergie, Streben; weiblich codiert Entselbstigung, Einbettung, Hingabe, Liebe. In seinem Streben ist der Mann der Wanderer mit der Unruhe des

Geistes und der projektierenden Vernunft, die auf Begriffe und Normen aus ist. In ihrer Ruhe und Gefühlsharmonie ist die Frau die Zentralfigur der Idylle.

Auch der panentheistisch vorgestellte göttliche Daseinsgrund hat an der Geschlechtersymbolik Anteil. Dessen schöpferische, zeugende, Gegebenheiten und auch Normen setzende Macht steht bei Goethe im Zeichen des Vatergöttlichen; dessen hingebende, empfangende und gebärende, erlösende Liebesmacht im Zeichen des Muttergöttlichen. Als Kraft im Liebesgrund der Welt, aus dem alle Gestalten aufsteigen, in den alle Gestalten zurückfallen, ist die Natur Mutter, und die Frau ist Repräsentation der Natur in der Menschenwelt. Da aber das Göttliche hinter diesen Polen *eines* ist und da ein Pol immer auf den anderen verweist, ist auch die schöpferische göttliche Kraft von Liebe grundiert, so wie umgekehrt die göttliche Liebeskraft die Dynamik und Dialektik des Schöpferischen in sich aufnimmt.

Wohlgemerkt: das ist Symbolik, nicht einfache Empirie. Fausts bequemer Kurzschluß liegt gerade darin, daß er Gretchen unmittelbar zu Natur, sich zum Wandrer erklärt und damit ihre spezifische Wirklichkeit zudeckt, seine Unfaßbarkeit und Unzuverlässigkeit als unentrinnbare Gegebenheit entschuldigt. Auch Frauen können streben, und auch Männer können hingebend lieben; lägen nicht jeweils auch *die* Möglichkeiten in uns, welche in der Geschlechtersymbolik dem anderen Geschlecht zugeordnet sind, wäre die Vereinigung der Geschlechter unmöglich. Die Störung dieser Polarität ist verderbenbringend, und aus dieser grundsätzlichen und ins äußerste getriebenen Störung heraus hat der Supermann Faust den Trümmerhaufen seiner Welt erzeugt. Hier ist auch der Punkt, wo Fausts Menschheitsrepräsentanz und seine Repräsentanz der Moderne in eins fallen: Die Entfesselung des Strebens, die Vergessenheit der Hingabe, der Verlust an Einbindung auf allen Ebenen bis hin zur kosmischen Einbettung des Menschen sind die katastrophische Tendenz der Moderne. Der Faustschluß behauptet die Erlösungsbedürftigkeit und Erlösbarkeit des Menschen und darin der Menschheit, aber er behauptet auch, daß ein äußerster Punkt der Verstrickung in Sichtweite ist. Selbst wenn uns die Geschlechtersymbolik Goethes heute in manchen Aspekten zeitgebunden und veraltet erscheint, bleibt das Einleuchtende seiner Polaritätskonzeption.

Wie nun ist bei Goethe Erlösung gedacht? Hier muß am eindringlichsten erinnert werden, daß darüber nur gleichnishaft geredet und gehandelt wird und werden kann. Das gilt in einer komplizierten Wechselwendigkeit. Auch wenn bei Goethe das Göttliche panentheistisch erfahren wird, ist doch Erlösung durch eine göttliche Liebe, in der wir gründen, herkömmlich eine zentrale christliche Struktur, greift doch das Faustdrama in seiner metaphysischen Dimension, besonders am Anfang und am Schluß, weitgehend auf christliche Bilder und Vorstellungen zurück. Sie werden im Faustdrama in Dienst genommen, aber nicht etwa auf die lediglich formale Funktion reduziert, eine gewaltige und gewaltig divergierende Stoffmasse autoritativ und zugleich in der Theatralisierung unverbindlich zusammenzuklammern. Die Alternative christliche oder ästhetische Himmelfahrt wäre falsch gestellt.

Denn »Faust« ist zwar kein christliches, jedoch ein religiös fundiertes Drama. Welche Schwierigkeiten diese Religion der begrifflichen und bildlichen Darstellung entgegensetzt, wird am Schluß des 8. Buches von »Dichtung und Wahrheit« deutlich,[43] wo Goethe nicht nur aus dem Abstand, sondern wohl auch aus der verdichtenden und steigernden Sicht des Alters das neuplatonische Weltbild seiner Jugend skizziert: gewiß ein Hintergrund der Faustdichtung, der manche Interpretationshilfe anbietet – vor allem für die emanatistische Bewegung vom göttlichen Ausgang in die Erscheinungsfülle und Vereinzelung der Welt und zurück, für Verselbstung und Entselbstigung. Aber grundsätzlich ist das Drama weniger und mehr als die Durchführung dieser religiösen Weltdeutung; weniger, weil es nicht ein metaphysisches Weltsystem entwirft, in dem die Figuren dann agieren, sondern weil es die metaphysischen Kräfte in der existentiellen Erfahrung des Helden heraufruft und von ihm her perspektiviert. Sie erscheinen nicht an sich, sondern für ihn. Deshalb ist im Drama die Frage der Erlösbarkeit Mephistos auch gleichgültig. Mehr als ein in dichterische Darstellung umgesetztes religiöses Weltbild ist die Faustdichtung dadurch, daß sie nicht Begriffe und Gedankenzusammenhänge bebildert, daß sie also auf logische Stringenz nicht angewiesen ist, sondern die Evidenzerfahrung einer dramatisch entfalteten Dynamik der Figuren, Konstellationen und Handlungen vermittelt.

Wenn es im dramenbeschließenden »Chorus mysticus« heißt: »Alles Vergängliche/ Ist nur ein Gleichnis« (Vers 12104 f.) wäre das falsch verstanden, schlösse man daraus auf eine religiöse Hinterwelt, die in unsere Welt nur wesenlose, uneigentliche Schatten wirft; vielmehr ist diese Aussage relativiert und kommentiert durch die folgende: »Das

Unzulängliche,/ Hier wird's Ereignis« (Vers 12106 f.). Das besagt: auf den religiösen Grund der Welt kann nicht durchgegriffen werden, er ist ›unzulänglich‹. Er ist das, was man nicht erlangen, erfassen und begreifen, vielmehr nur ahnen und zeichenhaft andeuten kann. Aber in diesen Zeichen und Gleichnissen – und nirgends sonst – wird er auch tatsächlich Ereignis: in unserer Welt und im Weltspiel dieses Dramas, in dem unsere Welt gedeutet aufleuchtet: in Ereignissen gedeutet. Und für das religiös Ereignishafte gilt von vornherein, daß es nicht erlangt und ergriffen werden kann. Man kann es ablehnen und bekämpfen oder mit- und nachvollziehen. Was als religiöses Ereignis nicht faßbar ist, das ist ›mystisch‹, in seinem Geheimnischarakter, zu erfahren. Erlösbarkeit und Erlösung Fausts und damit der Menschheit werden nicht als faktische Gegebenheiten oder rationale Gewißheiten dargestellt; sie werden einem glaubenden Schauen und Mitgehen dramatisch als signifikante Ereignisse zugesprochen.

Die tiefe Ironie und die parodistischen Züge des Faustschlusses betreffen nicht die Inhalte dieses Glaubens, sondern die notwendig unzulänglich-ereignishafte Weise der Verkündigung und Vergegenwärtigung. Nirgends so sehr wie im Faustschluß wird das Indirekte, lediglich Andeutende des Geschehens hervorgehoben – angefangen vom Zitatcharakter aller zentralen Vorstellungen und Gedanken bis hin zu einer zuweilen bewußt anmutenden Kargheit und klappernden Steifheit der Sprache, die mit Partien äußerster Ausdrucksmacht wechselt und dadurch besonders den Blick auf sich lenkt. Die Sprache setzt Ereignis-Zeichen, die sich selbst als solche durchleuchten – höchste Ironie des Sprechens, sich selbst meisterhaft als unzulänglich vorzuführen.

Unter dieser Voraussetzung kann gesagt werden, daß Fausts Erlösung in der komplementären Ergänzung seines Strebens durch das liegt, was er beiseite gedrängt hat: die Liebe als Hingabe. Weil Faust die anthropologische Grundrichtung des Strebens repräsentiert, kann er Repräsentativfigur der Menschheit sein, aber er entfaltet in seiner Person nicht den vollen Umkreis des Menschenmöglichen und -notwendigen. Die Liebe, die Hingabe an die Welt muß seine Einseitigkeit aufsprengen, verflüssigen und ergänzen. Sie ist im Drama in Gleichnisgestalten vorgekommen. Zitiert ist sie im Christus der Chöre in der Osternacht, aber danach sind ihre Erscheinungen weiblich: die Mütter, welche die bewegten Grundformen des Seins hüten, die Liebesgöttin Galatea, die Mondgottheit der klassischen Walpurgisnacht. Am Ende erwartet sie

Faust in der Mater gloriosa, bei der die Züge der Gottesmutter Maria hinübergleiten in die einer mächtigen mütterlichen Naturgottheit. Die Liebe ist Faust entgegengetreten in der Idylle. Am eindringlichsten ist Faust die Liebe begegnet in Gretchen, die er verraten und zerstört hat. In der Zerstörung hat sie aber auch eine Vollendung erlangt, in der sie ihn übersteigt. Deshalb kommt sie ihm im Erlösungsspiel von oben, aus der Vollendungsrichtung, entgegen.

Vom Schluß her begründet sich noch einmal, daß unter allen Episoden des Dramas die Vereinigung von Faust und Gretchen das größte Gewicht hat. Sie exponiert scheiternd die Ganzheit des Menschen in der Komplementarität der Geschlechter. Diese entfaltet sich von Fausts Streben her, das am Ende von der Liebe übergriffen wird, die den fliehenden Faust beim Namen ruft: »Heinrich! Heinrich!« (Vers 4612). Weil die Gretchenhandlung stattgefunden hat, kann es am Schluß mit so großem Nachdruck heißen, das ewig Weibliche ziehe uns hinan – das ewig Weibliche als die dem Schöpferischen komplementäre Liebeskraft, in der die Welt ruht.

Der unbedingt strebende Faust versucht eigenmächtig, die Vaterseite des Göttlichen in sich zu inkarnieren, wobei er sich charakteristischerweise nur an der göttlichen Allmacht und Allwissenheit, aber nicht an der auch vatergöttlichen Liebe orientiert. Er wird am Ende von der Vaterseite des Göttlichen zu dessen Mutterseite geführt. In aller Zuneigung zu Faust bleibt Gottvater noch im Bereich der Normen und Setzungen. Er nennt Faust einen »guten Menschen in seinem dunklen Drange«, der »sich des rechten Weges wohl bewußt« sei (Vers 328 f.). Er spricht von der Liebe, aber er spricht ihr »holde Schranken« zu, implantiert also auch ihr normative Züge. Er will, »was in schwankender Erscheinung schwebt« »mit dauernden Gedanken« befestigt sehen (Vers 348 f.). In diesem Bereich hätte Faust zuletzt mit seinem längst zu bösen Konsequenzen ausgeschweiften dunklen Drange nur wenig mehr zu hoffen. Dem muttergöttlichen Bereich gehört die Gnade an, die nach solchen Normen, Schranken und Befestigungen nicht fragt. Ihr wendet sich Gretchen in der Zwingerszene zu:

> Ach neige,
> Du Schmerzensreiche
> Dein Antlitz gnädig meiner Not!
>
> (Vers 3587 f.)

Dieses Gebet nimmt sie am Ende als »una poenitentium, sonst Gretchen genannt«, variierend wieder auf und richtet es an die Mater gloriosa, die gemäß der Tradition hier die »Gnadenreiche« heißt (Vers 12036, Vers 12069 ff.). Ihr, die nun in Sprengung der katholischen Marienlehre zur Göttin erhöht ist, gilt das letzte Gebetswort des Doctor Marianus, das in Proskynese, der feierlichsten Huldigung, »auf dem Angesicht anbetend« gesprochen wird: »Jungfrau, Mutter, Königin,/ Göttin, bleibe gnädig!« (Vers 12102 f.) Die Klimax wird dadurch unterstrichen, daß auf der Anrede »Göttin« der metrische Akzent am Versanfang liegt. Im Hinweis auf diese Sphäre liegt der Sinn des Chorus mysticus, der das Drama beschließt und so oft mißverstanden, belächelt und parodiert worden ist:

> Alles Vergängliche
> Ist nur ein Gleichnis;
> (...)
> Das Ewig-Weibliche
> Zieht uns hinan.

Damit sind nicht die Frauen, Mütter, Geliebten und Töchter der Männer gemeint. Das Ewig-Weibliche ist Gleichnis der weltbegründenden göttlichen Liebe. In diesem Sinne enthält der Dramenschluß bei aller Allgemeinheit zugleich eine Summe der Zeitkritik; denn auf nichts ist die Moderne so sehr angewiesen wie auf den Weltbezug der Liebe, um ihrer Effizienz Richtung zu geben. Ihre Verkümmerung fängt an bei der psychischen Entleerung der Nahbeziehungen und endet bei der verantwortungslosen Manipulation des Lebens im Kosmos.

»Anmutige Gegend«: eine anthropologische Urszene

Fausts Lebensweg verläuft zwischen schwebenden Orientierungspunkten. Gleichnisse werden zum Gleichnis anderer Gleichnisse. Der Gottvater des Anfangs und die Mater gloriosa des Schlusses spiegeln sich durch die Textmasse des Dramas hindurch ineinander, und aus dieser Spiegelung ergibt sich eine Andeutung des Göttlichen in seinen Polen. Ein dritter Orientierungspunkt findet sich in der Mitte zwischen beiden Dramenteilen. Es ist die Szene »Anmutige Gegend«, die das Göttliche als Ganzes andeutend in der uralten Gottessymbolik der Sonne beschwört, die dem Menschen aufgeht. Der Auftritt ist so großartig wie befremdlich, denn er steht nicht nur fast völlig außerhalb des Handlungsverlaufs, sondern auch außerhalb der Grundlinien der Faustfigur, so daß die Bedeutung der Episode als Gelenk der Teile auf den ersten Blick kaum einleuchtet.

Nur nach rückwärts gibt es eine dünne pragmatische Verbindung, und sie ist seltsam genug, weil sie den Handlungs- und Konfliktzusammenhang, indem sie ihn erwähnt, auch schon wieder zerschneidet. In anmutiger Landschaft schenken Elementargeister dem von der Gretchentragödie verdüsterten Faust eine Elementarerneuerung durch einen Heilschlaf des Vergessens: »Ob er heilig, ob er böse,/ Jammert sie der Unglücksmann.« (Vers 4619 f.). Unter Ausschließung der Schuldproblematik und der Problematik des entfesselten Strebens wird Faust einer ›Auferstehung‹ teilhaftig, die aus dem Göttlichkeitsgrund der Natur fließt und ihn ins Paradies zurückholt: »Ein Paradies wird um mich her die Runde.« (Vers 4694) Fausts Sehnsucht, Adam zu sein – hier ist sie erfüllt, um den Preis, daß Faust für die Dauer dieser Szene, die wie ein Minidrama für sich in das Ganze des Textes gestellt ist, aufhört, Faust, dieser Mensch in seinem Lebensgefüge zu sein. Er ist nicht, wie sonst, der exzentrische Menschheitsrepräsentant, sondern hier und nur hier der Mensch schlechthin als Typus, der exemplarisch und in idealer Gleichzeitigkeit von Vollzug und sprachlicher Reflexion die Kurve der menschlichen Existenz in einen Idealentwurf des Mensch-Weltverhältnisses einträgt. So ist das Streben in einem übergreifenden »menschlichen Bestreben« (Vers 4725) aufgehoben, das Hingabe an die Situation, an den Augenblick einschließt, ja aus ihr fließt.

Faust als ideales Exemplar des Menschen kann, was der Mann Faust nicht kann – ganz in der Situation, damit ganz im Leben sein, ganz Welt erfahren:

> Des Lebens Pulse schlagen frisch lebendig,
> Ätherische Dämmerung milde zu begrüßen;
> Du, Erde, warst auch diese Nacht beständig
> Und atmest neu erquickt zu meinen Füßen,
>
> (Vers 4679 ff.)

Hier klingt Fausts Stimme in feierlich getragenen, objektivierenden Stanzen wie eine überpersönliche Stimme des menschlichen Geistes, in dem die Natur selber mit ihren Grundrhythmen, Atmung und Herzschlag, zum Bewußtsein und zur Sprache kommt; es gibt keine Entfremdung, keinen Riß, der nach draußen weist. Die Bewegung, die Faust sonst voran- und aus dem Vorhandenen wegtreibt, kommt hier auf ihn zu. Sie verursacht keinen Weltschmerz, keinen Schmerz an der Welt, sondern einen Schmerz in der Welt. Es ist ein paradiesischer Schmerz, weil er, von Faust verarbeitet, ihn in die Situation zurückführt, ihm Welt erst eigentlich und völlig schenkt:

Im morgendlichen Sonnenaufgang erlebt Faust die göttliche Geburt der Welt als zeitdurchgreifende Allgegenwart des Schöpferischen, das Paradies als zeitdurchgreifende Schicht eines anfänglichen Weltverhältnisses, das göttliche Urlicht der Sonne als Offenbarung des einen und ganzen Göttlichen vor und hinter der Polarisierung von Vatergöttlichkeit und Muttergöttlichkeit. Er erfährt nicht weniger und nicht mehr als die Lösung des Faustproblems. Die blendende Sonne des Absoluten geht ihm auf, und in der schmerzlichen Abwendung von diesem Unzugänglichen und Unanschaulichen fällt sein Blick auf den Wassersturz, ein anderes Grundsymbol des Göttlichen bei Goethe, über dem sich »des bunten Bogens Wechseldauer« (Vers 4722) wölbt. Das sich durchhaltende Lichtphänomen im Wechsel der vom Wasserfall versprühten Tröpfchen, die, »Schaum an Schäume sausend« (Vers 4720), diesem Phänomen zugrunde liegen, zeigt als *Ineins* Ruhe und Bewegung, Steigen und Sinken, das lichthaft Göttliche in der Fülle der Materialisationspunkte; es zeigt im Bild, was die Mütter, zu denen später Faust in der Szene »Finstere Galerie« hinabsteigt, als Geheimnis hüten: die bewegt in sich ruhenden Gestaltmöglichkeiten des Lebens, das Sein als Werden, das Werden als Sein, das letztendlich, hier zurückverfolgt in eine vormenschliche Schicht, auch das Bleiben des menschlichen Wesenskerns im Wandel und als Wandel seiner historischen Konkretionen ermöglicht. Das Urlicht wird indirekt anschaubar, gemildert in der leuchtenden Trübung der Farben des Regenbogens, des biblischen Zeichens für den göttlichen Frieden mit den Menschen. Und Faust, der doch sonst wie Ikarus in die Sonne des Absoluten aufzusteigen sucht und dabei immer wieder abstürzt, erkennt hier: »Am farbigen Abglanz haben wir das Leben.« (Vers 4727)

Der Mensch kann die Vermittlungen nicht durchbrechen. Er kann nicht absolut sein. Er kann sich nicht zur Göttlichkeit erheben. Er kann nicht über der Welt aufgehen. Er hat seinen Spielraum in der Erfahrung des In-der-Welt-Seins. Aber richtig *in* der Welt stehend, in den Gegebenheiten der menschlichen Existenz, geht ihm die Welt auch erst wirklich in ihrer Göttlichkeit auf. Die Farben des Regenbogens sind nicht nur

Dämpfungen des göttlichen Urlichts, sie sind die aufgefächerte und darin erst wahrnehmbare Fülle seiner Erscheinung, sie sind die Erfüllung, die das Göttliche darin erfährt, daß seine Kraft als Welt Gestalt wird. Wie gesagt, das ist die Lösung des Faustproblems, aber unter Ausschluß der Problemelemente, die seine Lösung unmöglich, eine labile Balancierung dieser Problemlage zur Generalaufgabe der Menschheit, ihre moderne krisenhafte Destabilisierung zur Weltkrise machen.

Und darin ist auch diese Szene »nur Gleichnis«, wie der Prolog im Himmel und die Erlösungshandlung, nur Spiegel unter Spiegeln im System der Systeme des Werks. Allerdings ein Gleichnis besonderer Art, denn es rückt den Reichtum nach vorn, der im Gleichnischarakter des Vergänglichen liegt, wogegen der Dramenschluß mit seiner begrifflichen Skelettierung die Armut der Gleichnisse betont. Was es heißt, daß im Gleichnis nicht lediglich unzulängliche Zeichen für das Unzulängliche gesetzt sind, sondern daß das Unzulängliche zum *Ereignis* wird, bekommt Leuchtkraft durch das Gleichnis von Sonne und Regenbogen, in dem sich offenbart, daß der farbige Abglanz nicht nur weniger, sondern auch mehr als das Urlicht ist: seine Realisierung als sichtbare Fülle.

Was ist im lebenden Bild, in der Welt-Mensch-Relation dieser Szene ausgegrenzt? Kurz gesagt die sekundäre Welt der menschlichen Kultur und Gesellschaft, damit die bei Goethe doch auch göttlich gegebene Verändungsenergie des Strebens, das sich nicht endgültig ins Bestreben zurücknehmen läßt und deshalb auch, wie festgestellt, die anthropologische Schuldexponierung begründet. Die Unschuld dieses Adams im Paradies ist ein rückwärts gewandtes Sehnsuchtsbild. Es ist trotz der Majestät der Sprache und der detaillierten Fülle der Naturevokation weltärmer als das in die Skizze verlaufende Erlösungsendspiel. Nochmals: der hier Faust heißt, ist Menschenexemplar, und auch das nur als Geist und Stimme gewordene höchste Steigerungsgestalt der Natur, nicht als Mensch unter Menschen. Was hier geschieht, ist außerhalb von Pakt und Wette. Kein Mephisto, der reizt und wirkt und als Teufel schaffen muß, steht neben Faust, kein Gretchen, kein Philemon, keine Baucis, kein Kaiser, keine Arbeitermasse. Kein Handlungsraum tut sich auf. Wenn Faust sonst monologisiert, ist er ein abgesondertes und sich absonderndes Ich; hier ist er, als einziger Mensch, *der* Mensch. Wenn Faust sonst auf Natur blickt, schleppt er seine gesellschaftliche Konfliktsituation in sie ein. Dagegen fehlt hier im Fehlen von Gesellschaft auch die problematische historische Perspektive auf Natur als Sehnsuchtsraum und Material – sie ist in dieser Szene als objektive Natur vor aller Geschichte dargestellt. Korrespondierend dazu ist im Göttlichen alles ausgespart, was dem Menschen menschlich antwortet, sich dialogisch auf Menschliches bezieht. Die naturhafte Gnade ist ›unmenschlich‹, das Urlicht ist ungeschiedenes, apersonales, unspezifiziertes Licht – »Ist's Lieb? Ist's Haß?« (Vers 4711) Erst am Ende des Dramas geht die artikulierte göttliche Liebe auf. Sie erneuert nicht nur, sie erlöst.

Die Abhebung durch den Denkbildcharakter der Szene, ihr höchst anschauliches Spiel mit verringertem Bestand, wird nach außen durch den harten Schnitt zur folgenden Handlung des zweiten Dramenteils hervorgehoben, den eine ironische Brechung des Elementargeistergesangs und des Faustschen Verkündigungsmonologs im anschließenden Geschehen pointiert: Der Vermittlung des göttlichen Urlichts im Spektrum der Regenbogenfarben in grandioser Naturszenerie folgt wie ein Satyrspiel am Kaiserhof die scheinhafte Vermittlung der Bodenschätze im schimärischen Papiergeld. Vor allem aber ist der Szene im Inneren eingeschärft, daß sie als idealer Ursprung eine regulative Fiktion ist: Ariel, der Anführer der Elementargeister, ist bereits im »Walpurgisnachtstraum« des ersten Dramenteils aufgetreten und hat dort sein Wesen in dem Bedingungssatz ausgesprochen: »Gab die liebende Natur,/ Gab der Geist euch Flügel,« (Vers 4391f.). Er ist von Natur und Geist gleichermaßen, in untrennbarer Zusammengehörigkeit wie ein Flügelpaar, beschwingt. Im »Walpurgisnachtstraum« ist er dem Personal des Shakespeareschen »Sommernachtstraums« zugeordnet, gehört aber in den »Sturm«. Jedenfalls kommt er geradewegs – nicht aus der Schöpfungsfrühe, sondern aus Shakespeares Dramenwelt. Bei ihm ist er ein guter Geist im Dienst des vertriebenen Fürsten und Zauberes Prospero und hat die Fähigkeit, die Menschen mit seiner Zaubermusik in eine Heilungskrise hineinzuführen. Nachdem Prospero mit Hilfe des Zaubers die Mitspielenden gereinigt und versöhnt hat, zerbricht er seinen Zauberstab und übergibt sich der Gnade. Bei Goethe hat eine Engführung stattgefunden: Der Magier Faust ist selbst ein verirrter Fürst der Welt, der der gnadenhaften Heilung bedarf. Das ›objektive‹ Naturbild der Szene ist also ebensosehr ein Märchenbild.

Und siehe da: Faust, der sich geblendet von der Sonne ab zur Erde wendet, vollzieht eine Selbstbergung »in jugendlichstem Schleier« (Vers 4714), in Duft und Feuchte des Morgens, die ihn hinlenkt zum Wassersturz mit seinem Regenbogen. Der Schleier ist ein Sinnbild der Dichtung, so in dem der Szene »Anmutige Gegend« verwandten Stanzengedicht »Zueignung«, wo dem lyrischen Ich »der Dichtung Schleier aus der Hand der Wahrheit« zuteil wird. In dieser Formulierung klingt noch die traditionelle Bedeutung des Bildes an: Die Dichtung ist eine Verhüllungsweise der Wahrheit in Bilder, Handlungen und Klänge. Doch bei Goethe hat sich der Bildsinn gewendet: Der Schleier ist keine Verhüllung, sondern die erste Lamelle der Körperlichkeit, die Sphäre der Inkorporation des Absoluten, ohne die es nicht zur Erscheinung kommen könnte. Inkorporation vollzieht sich gleichermaßen in der Natur wie in der Dichtung.

Ebensowenig wie die Szene »Anmutige Gegend« Natur von Kultur und Gesellschaft abhebt, ebensowenig scheidet sie also Natur und Kunst. Sie gehört weder in die Reihe der problematischen Naturbezüge der Faustfigur noch in die Reihe der Selbstthematisierungen und Selbstproblematisierungen der Kunst, denn sie ist hier märchenhaft mit Natur identisch und als Natur vorgegeben. Sie wird nicht dargestellt als durch dichterisches Wort hervorgerufen – wie das Arkadien der Faust-Helena-Vermählung oder die Schöpfungsordnung des Türmerlieds. Wie im Auge des Zyklons herrscht in der Szene »Anmutige Gegend« Stille; sie ist absolute Gegenwart. In ihr ist ein Maß des Menschlichen gesetzt und zugleich von menschlicher Lebenspraxis abgerückt durch Gesellschaftslosigkeit und Geschichtslosigkeit. Das minimalisierte, zwischen die Dramenteile eingebettete Lösungsmodell ist die Achse, um die sich die Fausthandlung in ihrer ganzen Reichweite dreht. So könnte der Mensch sein, gäbe es keine Menschenwelt. Aber es gibt den Menschen nur in der Menschenwelt. Und so muß der Mensch in Widersprüchen und Verfehlungen in eine offene, prozeßhafte Zukunft hineingehen. Faust formuliert im Miniaturdrama »Anmutige Gegend« eine höchste Einsicht, von der er als Handlungsfigur nichts weiß. Nur derart paradox läßt Goethe am Anfang des »Faust II« die Utopie des alten Paradieses zu. Ihre Entfaltung am Ende führt in ein Gegensatz- und Antwortverhältnis. Dem Zusammenbruch der modernen Utopie des machbaren Paradieses stellt sich die Glaubensbotschaft der Erlösbarkeit des Menschen gegenüber. Die Erlösung führt den Vorgreifer Faust in den Prozeß einer Entwicklung, den Unmittelbarkeitsfanatiker in stufenweise Vermittlungen, die ihm zuteil werden.

Wir sind Faust. Sind wir Faust?

Ist Faust Menschheitsrepräsentant, ist Faust der Repräsentant der Moderne, dann sind *wir* Faust. Allerdings: Wir sind es in einer dezentrierten Gesellschaft, in einer diffusen Weise. Goethes Faustdichtung dagegen sammelt die äußerste Geschichtsmächtigkeit in einer überragenden Einzelgestalt. Aber schon in den hinter uns liegenden Diktaturen des 20. Jahrhunderts ist gegen Ende die Personalisierung der letztinstanzlichen Zuständigkeit fragwürdig geworden. Noch mehr gilt das für demokratisch organisierte moderne Systeme, die zur Selbstläufigkeit tendieren. So ist die Frage nicht nur: Sind wir noch fähig, aus unserer Blindheit aufzuwachen? Es fragt sich auch: Was können wir bewirken in einer Zeit, in der, wie Friedrich Dürrenmatt formuliert hat, Kreons Sekretäre den Fall Antigone erledigen?
Mit dieser Frage wird nun auch erkennbar, wie die Zukunftsperspektive der Faustdichtung mit Ausblendungen zusammenhängt, ja, durch diese sogar gefördert wird. Fausts Verbindung mit der Praxissphäre findet durch den Teufel Mephistopheles statt. Das eliminiert ein Aktionsfeld, welches traditionellerweise im Drama besonders wichtig ist. In diesem Feld entfaltet der Held als herausragende Einzelfigur sein Verhältnis zu den gesellschaftlichen und politischen Mitakteuren und Gegenspielern, hier erreicht er die Massen und geht mit ihnen um. Das alles wird Faust durch Mephistopheles weitgehend abgenommen. Zugleich wird von diesem teuflischen Großakteur der zentral wichtige Organisations- und Handlungsraum des ökonomisch-industriell-technischen Komplexes voll verdeckt und besetzt, der sich – wie das moderne Drama seit dem Naturalismus zeigt – gegen die dramatische Darstellung äußerst sperrig verhält. Wir erfahren bei Shakespeare und Schiller genau, wie Richard III. oder Wallenstein agieren, aber kein Drama vermag es, technische Abläufe, personelle oder administrative Verflechtungen einer komplexen industriellen Produktionseinrichtung anschaulich zu machen. Die Faustdichtung hat sich von vorn herein von solchen Darstellungsaufgaben und -problemen dispensiert. Nur wenige, über Mephistopheles laufende Textpartien und Handlungen – diese jedoch von höchstem symbolischem Gewicht – geben Aufschluß; jedoch mehr über Fausts Gesinnungen und Impulse, über seine Gedanken und Konzepte als über seine Praxis.

So muß am Ende dieses Argumentationsgangs auch die Grenze der Berechtigung gesehen werden, von Faust als Diktator, Technokrat, Feldherr, Ökonom usw. zu sprechen. Er ist all das nicht in der Weise vorgeführter Handlungs- und Personenverflechtungen. Es entsteht weder eine Breitendarstellung der Gesellschaft in ihren Großformationen noch ein Bild des Kräfteparallelogramms zwischen Veränderungsenergie des einzelnen und Eigengewicht der gesellschaftlichen Gruppen. Überhaupt entfaltet sich kein geschlossener dramatischer Raum mit Spiel und Gegenspiel. Eher ist in »Faust« die moderne Form des Stationendramas vorweggenommen, in dem die Welterfahrung des Helden (hier mit seinem Begleiter Mephisto) in verschiedenen Lebensstationen das Stück zentriert und formiert. Er allein geht durch die aufgereihten Episoden, deren Personal nur in bezug auf ihn erscheint. Diese formale Eigenart unterstreicht die Sonderstellung Fausts. Seine Auseinandersetzungen finden eher im Binnenbereich seiner selbst als im Außenbereich der Handlung statt, zumal Mephisto im Verhältnis zu Faust mehr Gegen-Ich als Gegenspieler ist. Er reizt die inneren Tendenzen und Widersprüche in Faust heraus.

So ist Faust nicht einer, der sich Raum und Reichweite schafft und erhält; vielmehr ein von vorn herein Herausgehobener, für den besondere Spielregeln gelten. Zu diesen Spielregeln und -bedingungen gehört die Verfügung über magische Kräfte, die ihrerseits in mephistophelischer Verfügung liegen. In unserem Zusammenhang genügt es, sie als den langen Schatten eines unbedingten, auf Selbstvergötterung zielenden Strebens zu verstehen. In diesem Rahmen scheint mir Binswangers Ansatz brauchbar, der Magie in Goethes »Faust« als das Vermögen deutet, ökonomische Kräfte zu entfesseln, deren Wirkungsweise und Folgen unabsehbar sind. Ist Magie eine Technik, so halte ich es umgekehrt für möglich, auch Technikleistungen und -folgen unter das Symbol-Stichwort Magie zu subsumieren.

Trotz der hier vorgenommenen Einschränkungen zeigt sich an Faust und seinen Projekten die Problematik der Moderne mit ihren gesellschaftlichen, ökonomischen, technischen und wissenschaftlichen Handlungsmustern in höchst eindringlicher Weise. Im quasi luftleeren Raum um ihn, den lediglich sein Handlungsagent Mephistopheles nach außen überschreitet, können Tendenzen skizziert werden, deren Schubkraft in der historischen Realität dank der Beharrungsmacht des Gegebenen in der Goethezeit erst sporadisch zur Auswirkung kommt. Dabei ist es gerade die allegorisch-symbolische Darstellungsweise, welche die Vorwegnahmen so durchschlagend macht. Hätte Goethe die detaillierte Vergegenwärtigung ökonomischer, technischer, militärischer oder politischer Aktionen und Abläufe zu geben versucht, für die er alle zeitgenössischen Voraussetzungen besaß, dann verstellte das zeitgebundene Detail unsere heutige Imagination etwa einer Großbaustelle unter den Bedingungen der Zwangsarbeit, in der technische Notwendigkeiten, automatisierte Abläufe und brutal erpresserische Ausbeutung menschlicher Arbeitskraft ineinandergreifen. Genau den Phantasieraum dafür aber eröffnen die wenigen, früher zitierten Verse der Baucis über Menschenopfer und Feuergluten beim Kanalbau, die an entfesselte verderbenbringende Technik denken lassen. Goethe konnte keine Fließbandarbeit vorführen, aber das Prinzip, das sich einmal in die Organisationsform des Fließbands umsetzen wird, tritt in Fausts menschenverachtenden Worten, *ein* Geist genüge für tausend Hände, um so greller hervor.

Diese Überlegung muß sogar noch weiter getrieben werden. Obwohl Goethes Faustdrama die modernsten Tendenzen der Goethezeit hervorhebt und prognostisch in die Zukunft verlängert, ist es ja kein Gegenwartsdrama; vielmehr greift es auf ein Volksbuch des 16. Jahrhunderts und dessen quellenmäßig nur undeutlich faßbaren Helden zurück, ist also stofflich ein historisches Drama. Über die Gründe für diese Stoffwahl kann hier nur soviel gesagt werden, daß einerseits Goethe damit in den historischen Raum der beginnenden Neuzeit zurückgeht und so den Wurzelgrund seiner Gegenwart faßt; daß er aber andererseits mit diesem Rückgang eine Bühne der historisch inspirierten, gleichwohl freien Imagination gewinnt. Sie ist in Milieu und Gegebenheiten viel weniger streng fixiert, als ein Gegenwartsdrama es sein müßte. Man denke etwa an die sozialkritische Komödie von Jakob Michael Reinhold Lenz oder an das bürgerliche Trauerspiel seit Lessing mit ihrem appellativen Bezug auf die Milieu- und Atmosphäreerfahrungen und das geläufige Welt- und Menschenbild des zeitgenössischen Publikums.

Auf der von Goethe gewählten Basis konnte der metaphysische Rahmen des Teufelsbündnisses errichtet werden, auf ihr sind aber auch die zeitlichen und räumlichen Ausgriffe von der Antike bis in die industrielle Revolution, von der deutschen Kleinstadt bis in ein mythisches Griechenland möglich. Das gilt um so mehr, als das »Vorspiel auf dem Theater« alles Folgende ausdrücklich zum bedeutenden, zeichenhaften

Spiel erklärt und damit das Eigengewicht von Milieus unterminiert. »Faust« ist – laut Titelblatt – »eine Tragödie« mit Erlösungsausgang, scherzend und bis zur Verzweiflung ernsthaft, am komischsten, wo sie am tragischsten ist – etwa da, wo Faust das Spatenklirren der Totengräber für die Arbeitsgeräusche seiner Weltschöpfung hält. »Ort der Handlung: diese Bühne. Zeit der Handlung: heute abend.« – diese Anweisung des Heutigen in Max Frischs Farce »Die chinesische Mauer« könnte auch über dem Faustdrama stehen, in dem sich Komödie und Tragödie, ja Farce und Tragödie durchdringen, und damit die außerordentliche formale und geistige Modernität dieses im Stoff historischen Dramas bekunden.[44] Es spielt überall und genau hier, »in dem engen Bretterhaus« (Vers 239). Diese Modernität eröffnet symbolisch mehr Zukunft als die scheindeskriptiven, lediglich in Detailerfindungen sensationellen Konkretionen der Gattung science fiction.

Die Figurenrede des Dramas macht vollen Gebrauch von den so erschlossenen Möglichkeiten, zwischen den Zeitebenen und -bezügen zu gleiten, wie schon Fausts Eingangsmonolog oder später die Schülerszene zeigen. Im historischen Kolorit des altertümlichen Knittelverses und der frühneuzeitlichen Geheimwissenschaften, für die der Name Nostradamus steht, artikuliert sich die Universitäts- und Wissenschaftskritik des Sturm und Drang und sein Kult des großen Individuums, und vieles deutet zugleich vor auf die Zweifel unserer Epoche an der Fähigkeit der Wissenschaft zu ganzheitlichem Denken. Nur vorübergehend – in der Gretchenhandlung – entsteht atmosphärische Dichte eines Gesellschaftsbildes. In der Walpurgisnacht und im zweiten Teil des Dramas wird die Verschichtung von Sphären, Zeiten und Räumen zum kühnsten Spiel. Mythos, Literatur, Wissenschaft und historische Wirklichkeit werden miteinander verfugt. Nicht nur treten mythische und literarische Figuren auf, sondern zum Mythos wird die Mythologie, zur literarischen Figur die Philologenmeinung, zur Erdentstehung der Streit der Erdentstehungstheorien zitiert. Geologische Umwälzungen, ihre kontroverse wissenschaftliche Diskussion und ihre politische Symbolbedeutung – etwa im Hinblick auf die Französische Revolution – sind miteinander auf der Bühne ins Spiel gebracht. Und gerade in der Verschränkung von übergreifend-anthropologisch formulierten Aussagen, aktuellen Anspielungen und zeichenhaften Kürzeln für historische Sachverhalte und Tendenzen bis hin zur Zukunft des Industriezeitalters liegt die

besondere Brisanz und historische Zukunftsreichweite dieses einzigartigen Dramas.
Grundsätzlich ist festzuhalten: Literarische Aktualität historisch zurückliegender Werke ist nicht als abrufbare und ohne weiteres verfügbare objektive Diagnostik vorhanden, sondern in einer tiefgestaffelten Perspektivik. Das Kunstwerk macht sehend, es gibt Maßstäbe, aber keine umfassenden Situationsanalysen und erst recht keine Handlungsrezepte. Richtung und Reichweite der Durchblicke ergeben sich aus der Eigenart der Welterfahrung des Künstlers mit seiner spezifischen individuellen Sensibilität. Die großen produktiven Künstler sind derart die wunderbarsten, höchst organisierten Wahrnehmungsorgane der Menschheit, aber sie sind keine Meßapparate und Registrierwerke. Sie stellen die Welt und uns und nicht zuletzt sich selbst, ihr eigenes Weltbild, ihre eigene Weltdeutung, in Frage. Faust hört Lynkeus nicht, jedenfalls hört er ihm nicht zu. Aber nichts hindert uns daran, unsere Augen und Ohren zu öffnen für das, was die Dichtung sagt und fragt, für das, was uns hier und heute Goethes »Faust« sagt und fragt: Ist der Mensch zu retten?

Exkurs 1: Der wissenschaftliche Ort meiner Überlegungen

Ich fasse in diesem Essay für einen Teilbereich Positionen meiner langjährigen Beschäftigung mit Goethes »Faust« zusammen. Meine Thesen stehen im Rahmen einer Gesamtinterpretation, die in den Grundzügen, auch in der Sicht der gesellschaftlichen, ökonomischen und ökologischen Problematik, bereits in meinen Faustseminaren und Faustvorlesungen der Jahre 1966 bis 1968 vorlag. Wichtige Impulse zur Deutung der Faustdichtung verdanke ich meiner frühen Lektüre von Georg Lukács' »Faust-Studien« (1940; in: Ders.: Goethe und seine Zeit. Berlin 1950. S. 200-329.) während meines Germanistikstudiums an der Humboldt-Universität in Berlin (1949/50). Im Gegensatz zu den damals gängigen Faust-Interpretationen betonte der Marxist Lukács die gesellschaftlichen und wirtschaftlichen Gehalte der Dichtung und interpretierte Faust als Repräsentanten der heroischen Phase des Kapitalismus mit seinen inneren Widersprüchen.

Bei der Unübersehbarkeit und spezialistischen Auffächerung der Faustforschung verzichte ich weitgehend darauf, meine Ergebnisse im Forschungstand zu verankern. Der Faustforscher kann nur auf den Schultern zahlreicher Vorgänger stehen. Eine der meinigen ähnliche Fragestellung kenne ich von folgenden Autoren: G. C. L. Schuchardt: Julirevolution, St. Simonismus und die Faustpartien von 1831. In: Zeitschrift für Deutsche Philologie 6. 1935. S. 240-274; S. 362-384 (eine viel zu wenig beachtete, über das angegebene Thema hinaus in die Interpretation des 4. und 5. Akts ausgreifende Arbeit). – Arthur Henkel: Das Ärgernis Faust. (1976) In: Ders.: Goethe-Erfahrungen. Studien und Vorträge. Kleine Schriften. Stuttgart 1982. S. 163-179. – Hans Christoph Binswanger: Geld und Magie. Deutung und Kritik der modernen Wirtschaft anhand von Goethes »Faust«. Mit einem Nachwort von Iring Fetscher. Stuttgart 1985. – Jochen Schmidt: »Was sich sonst dem Blick empfohlen,/ Mit Jahrhunderten ist hin.« »Fortschritt« als Zerstörungswerk der Moderne am Ende des »Faust II«. In: H. Delbrück (Hg.): »Sinnlichkeit in Bild und Klang«. Festschrift für Paul Hoffmann zum 70. Geburtstag. Stuttgart 1987. S. 187-204. – Karl Pestalozzi: Goethes »Faust« als Tragödie der Weltgestaltung. In: W. Arber (Hg.): Weltbild und Weltgestaltung im Wandel der Zeit. Frankfurt/M., Basel 1987. S. 109-114. – Werner Keller: Größe und Elend, Schuld und Gnade: Fausts Ende in wiederholter Spiegelung (1990). Zuletzt in: W. Keller (Hg.): Aufsätze zu

Goethes »Faust II«. Darmstadt 1992 (= Wege der Forschung). S. 316-340. – Leo Kreutzer: »Nachts erscholl des Jammers Qual« Über das Verhältnis von Natur und Ökonomie in »Faust II«. Vortrag im Deutschlandfunk am 11. April 1993. – Ich habe auf Ergebnisse der Arbeiten von Schuchardt, Henkel, Binswanger, Schmidt, Pestalozzi und Keller zurückgegriffen. – Zum Zusammenhang: Adolf Muschg: Goethe als Emigrant. Auf der Suche nach dem Grünen bei einem alten Dichter. Frankfurt a. M. 1986.

Eigene Veröffentlichungen im Vorfeld sind: Wandrer und Idylle. Goethe und die Phänomenologie der Natur in der deutschen Dichtung von Geßner bis Gottfried Keller. Göttingen 1977. S. 37-82; vor allem S. 78 ff. – Lynkeus der Türmer. In: M. Reich-Ranicki (Hg.): Frankfurter Anthologie. Gedichte und Interpretationen. Bd. 3. Frankfurt a. M. 1978. S. 33-36. – Mutter Natur und die Dampfmaschine. Ein literarischer Mythos im Rückbezug auf Antike und Christentum. Freiburg i. Br. 1991 (dort besonders der Beitrag: Grüne Heinriche – ein epochaler Typus. Über Ideologisierung und Manipulation der Natur. S. 37-61). – Fitzcarraldo Faust. Werner Herzogs Film als postmoderne Variation eines Leitthemas der Moderne. München 1993 (= Themen – Eine Privatdruck-Reihe der Carl Friedrich von Siemens Stiftung. 53).

Bei der Lektüre meiner Untersuchung könnte der Eindruck entstehen, sie falle hinter die Monographie von Heinz Schlaffer: »Faust Zweiter Teil. Die Allegorie des 19. Jahrhunderts« (Stuttgart 1981) zurück. Im Gegensatz zur inhaltlichen Orientierung auch und gerade der sozialgeschichtlichen Faustinterpretation setzt Schlaffer mit seiner Analyse bei der Form des »Faust II« an, die er als allegorisch bestimmt. Der älteren Forschung wirft er vor, in einseitiger Fixierung auf Goethes eigenen Symbolbegriff den allegorischen Grundcharakter des »Faust II« entweder zu vernachlässigen oder – wiederum in Übernahme von Goethes Kritik an der Allegorie – kritisch gegen das Werk zu kehren. Schlaffer dagegen wendet auf »Faust II« nicht Goethes eigenen (negativen) Allegoriebegriff an, sondern einen modernen, hauptsächlich an Baudelaire orientierten. Mit diesem Schritt begründet er die Gesellschaftskritik des Faustdramas primär in dessen Form, indem er vor dem Hintergrund der Gesellschftstheorien von Hegel und Karl Marx die Abstraktionsleistung der Allegorie des 19. Jahrhunderts als Ausdruck, Kritik und Gestaltung der Abstraktheit der bürgerlichen Gesellschaft versteht. Damit befindet sich Schlaffer auf den Spuren Walter Benjamins, der in seinen Baudelaire-Untersuchungen Allegorie und Gesellschaft des 19. Jahrhunderts gleicherweise aufeinander bezogen hat. In dieser Perspektive kommt Schlaffer zu Ergebnissen, denen die meinen im einzelnen streckenweise sehr nahestehen. Trotzdem sind unsere Bezugsrahmen völlig verschieden, da ich der Frage der Allegorie eine solche Schlüsselrolle nicht zugestehe.

Zwar teile ich Schlaffers Voraussetzung, daß die literarische Praxis eines Autors über seine Theorie hinauszugehen vermag; trotzdem kann ich mir nur schwer vorstellen, daß Goethe auf dem für ihn so zentralen ästhetischen Feld ›Symbol versus Allegorie‹ vollkommen stillschweigend eine radikale Positionsumkehr vorgenommen haben soll (in Schlaffers Formulierung: »[…] die von ihm stillschweigend rehabilitierte Allegorie enthält die implizite Kritik der vorausgegangenen expliziten Allegoriekritik« S. 29). Zweitens kann ich den Schnitt zwischen dem symbolisierenden und dem allegorisierenden Goethe so tief nicht sehen; vielmehr finde ich seine Praxis insofern reicher als seine Theorie, als immer schon bei ihm allegorisierende Momente dem Symbolisieren beiwohnen, in der Spätzeit aber mehr und mehr Gewicht gewinnen, ohne daß der symbolisierende Zugriff verschwände. Wäre der Schnitt so tief, wie Schlaffer ihn annimmt, bräche der Zusammenhang zwischen Frühzeit und Klassik einerseits, dem Spätwerk andererseits auseinander. Aber auch wenn Goethe meint, »daß unser neunzehntes Jahrhundert nicht einfach die Fortsetzung der früheren sei, sondern zum Anfang einer neuen Ära bestimmt scheine« (zit. Schlaffer S. 6), wäre es seltsam anzunehmen, daß das einen völligen Umbruch seines dichterischen Weltbildes bedeutete oder bedingte; im Gegenteil: Nur die relative Einheit der Perspektive (die sich u. a. in der ethischen Grundrichtung von Goethes Zeitkritik in dem von Schlaffer S. 6 beigezogenen Brief an Zelter aus dem Juni 1825 bekundet) ermöglicht es überhaupt, die tiefgreifende Veränderung des Betrachtungsgegenstandes wahrzunehmen.

Diese allgemeine Überlegung bestätigt sich im Speziellen von Goethes dichterischer Bildlichkeit. Selbst wenn Schlaffers Kritik an Wilhelm Emrichs Monumentalwerk »Die Symbolik von Faust II« (2. A. Bonn 1957) darin berechtigt ist, daß Emrich nicht hinreichend auf die Differenz zwischen Allegorie und Symbol reflektiert, scheint mir doch das Hauptergebnis Emrichs unanfechtbar: daß es bei Goethe eine erstaunliche, im Gesamtwerk sich entfaltende und es prägende Konstanz bildlicher Grundelemente gibt – etwa Kästchen, Wandrer, Hütte, Geschlechterpolarität usw. – deren Bedeutung relativ konstant bleibt. Dabei ist die Darstellung der Idylle von Philemon und Baucis nicht allegorischer als die im Sturm-und-Drang-Dialoggedicht »Der Wandrer«, und schon die frühe Symbolik Goethes kann Momente von Selbstreflexivität und Begrifflichkeit in sich enthalten – etwa die im See *sich bespiegelnde* reifende Frucht des Gedichts »Auf dem See« –, die für die moderne Allegorie charakteristisch sind.

Hätte Schlaffer recht, dann hätten beide Teile der Faustdichtung nichts miteinander gemein als Gegensätze. Dagegen spricht schon, daß alle Äußerungen Goethes zur Faustgestalt deren Wandlungen innerhalb einer Konstanz der Figur ansetzen. Außerdem etabliert bereits das »Vorspiel auf dem Theater« eine gemeinsame Basis der Handlungen beider Teile, auf die der Schluß antwortet: daß nämlich alles folgende Theater, d. h. nur Gleichnis, ist. Wenn man so will, ergibt das eine Basisschicht der Allegorisierung für das gesamte Drama. Und wenn sich der allegorische Zug der Darstellung noch so sehr verstärkt, bilden doch »Prolog im Himmel« und Erlösungsendspiel, beide vor dem Hintergrund des »Vorspiels«, eine konzeptionelle Klammer theatralisch-metaphysischer Dimension, angesichts derer mir Schlaffers These unhaltbar scheint, Goethes Allegorie im »Faust II« habe sich »als bewußtes Thema« »die neue Aufgabe gestellt, (...) die geschichtlich begrenzte Grundkonstellation des modernen Lebens ins Bild zu fassen« (S. 5). Das hieße doch zu unterstellen, Goethe habe mit der Allegorisierungstendenz des »Faust II« nicht nur die metaphysische, sondern sogar die anthropologische Orientierung seines Werks aufgegeben. Sollte wirklich der Fragehorizont des ersten Teils – ›was ist der Mensch‹ – im zweiten Teil hinter der neuen Frage verschwunden sein: ›Wie ist die Gesellschaft des 19. Jahrhunderts beschaffen‹? Schon die Annahme dieser Möglichkeit scheint mir abwegig, weil die zweite Frage ohne die erste gar nicht beantwortet werden kann; denn jede historische Fragestellung hat eine implizite anthropologische Voraussetzung.

Damit sind wir denn doch bei einer inhaltlichen Frage – nämlich nach den Implikationen der Verküpfung von Allegorie und Gesellschaft des 19. Jahrhunderts, und zwar nicht primär bei Goethe, sondern in Schlaffers Überlegungen. Wenn die Gesellschaftskritik vor aller Spezifik der Figuren, Konstellationen, Handlungen und Bildbezüge in einer generellen Allegorik angesiedelt wird, wird diese Kritik ebenso abstrakt wie –

nach Schlaffer – die bürgerliche Gesellschaft und die Allegorie des 19. Jahrhunderts. Wenn alles in der modernen Welt und Gesellschaft allegorisch wird, so daß Schlaffer von »der allegorisch gewordenen Wirklichkeit« spricht, und wenn sogar die »Gegenwelt« zur »vorgegebenen allegorisch-abstrakten Welt« »selbst abstrakt und allegorisch« wird, so daß sie in einem »ausschließlich negativen und komplementären Bezug zur vorgegebenen« Welt steht und deshalb »nicht länger Gegenentwurf zur Allegorie, sondern deren Konsequenz« ist (alles S. 164), verwirren sich die Begriffe – Konsequenz und Komplement gleichzeitig geht nicht.

Und in der begrifflichen Unklarheit steckt die sachliche: Da doch Schlaffer selbst mit seiner gesamten Existenz und seinem wissenschaftlichen Instrumentarium ein Bestand der angeblich in toto allegorisch gewordenen Welt ist, von welcher Position aus charakterisiert und urteilt er eigentlich? Erst erklärt er für »Faust II«: »Hier gebraucht Goethe ›Natur‹ als kritischen Begriff, um die Fortschritte der Neuzeit als Ablösung von der Natur, als Vollendung der Unnatur zu begreifen.« (S. 155) Kennzeichen dafür, daß die Natur (wie schließlich auch die Liebe, davon später) »lediglich (sic!) eine regulative Idee« ist, »um den Umriß der Moderne durch Negation schärfer zu ziehen« (S. 164), ist die »phantastische und scheinhafte« Naturdarstellung, die bis zum »Kitsch« geht (S. 160). Das »dürfte ein Indiz dafür sein, daß Goethe diese Naturidolatrie in unglaubwürdige Simplizität und Süße überzeichnete, um sie zu ironisieren.« (S. 160 f.) Wenn die Decouvrierung durch Allegorisierung bewußte Intention des Dichters war, wie konnte dann aber Goethe auf »Fortdauer und Wiederkehr« der Natur »hoffen«? (S. 157) Ist er auf sich selbst hereingefallen?

Schlaffer scheint es. Warum ist »Heil dem Meere! Heil den Wogen« kitschiger und allegorischer als »Wie ist Natur so hold und gut,/ Die mich am Busen hält«? »Jünglingfrisch/ Tanzt er (nämlich der Felsenquell) aus der Wolke«? »Wie im Morgenrot/ Du rings mich anglühst,/ Frühling, Geliebter!«? Oder ist das alles kitschig und allegorisch, schon längst vor Goethes von Schlaffer behaupteter Neubewertung der Allegorie? Schlaffer meint, im Faustschluß werde »die transfigurierte Natur zur Metapher der Liebe« (S. 163), nachdem er vorher festgestellt hat, die Liebe werde zur Metapher und Transfiguration der durch die Moderne »außer Kraft gesetzten Natur« (S. 157 f.): »Die Frau verspricht, Natur auch außerhalb der Natur am Leben zu erhalten. In der

Liebe zur Frau scheint es deshalb möglich, auf Natur zu verzichten und sie zugleich wiederzugewinnen.« (S. 162) »Je mehr die vor- und außermenschliche Natur an Bedeutung verliert, desto nötiger wird eine menschliche Stellvertretung der Natur: in der Frau ist sie gefunden.« (S. 161)

Aber das stimmt weder für Goethe noch allgemein historisch. Die seelenhaft-spirituelle Verklärung der Liebe, die Verklärung der Natur als weiblich und die Verklärung der Frau als Natur sind gleichzeitig, wie schon ein flüchtiger Blick in die Gedichte des jungen Goethe zeigt, und haben nichts mit irgendwelchen Desillusionierungen des »Faust II«-Dichters zu tun. Sie zeigen primär eine wachsende Bedeutung der Natur seit der Sattelzeit um 1770. Gewiß sind diese Liebe, diese Natur und diese Frau Ideen, Ideale, nirgends real oder real gewesen, aber als solche auch nicht ausschließlich Gegenbilder zwecks Entlarvung des Vorhandenen, sondern zugleich und zuerst Leitbilder, an denen sich reales Leben orientieren kann und orientiert hat. Mutter Natur, Naturhaftigkeit der Frau und Liebe sind damit gesellschaftliche Wirklichkeiten, weil und indem sie etwas bewirken, und nicht lediglich Symptome und Indizien der wachsenden Abstraktionstendenz der Gesellschaft.

Grundsätzlich gibt es Natur für den Menschen nur als menschlich wahrgenommene Natur. Sie sperrt sich gegen die simple historiographische Opposition einer irgendwie vorhandenen oder vorhanden gewesenen Natur und einem allegorischen Komplement für verschwundene Natur, die so entschwunden ja auch in der Moderne nicht ist. Sie ist vorhanden als Gegenstand der Naturwissenschaft, als plastisches Ensemble von Anlagen des Menschen, als – freilich geschundener – Lebensraum, als erfahrbare Landschaft und sogar als handlungsleitende Idee, ja als pseudoreligiös aufgeladene ökologische Ideologie. »Auch jenseits der Grenzen der Allegorie erstreckt sich die Allegorie« (S. 165)? Für Schlaffer jedenfalls muß ein archimedischer Punkt jenseits seines allegorischen Universums vorhanden sein, denn er spricht unbefangen von »vor- und außermenschlicher Natur«, »Restbestand von Natur«, »vergangener Natur«, ja sogar »dem Ausmaß der objektiven Entmachtung (sic!), welche die Natur in der Moderne hinnehmen muß (...)« (alles S. 161). Produziert die These der totalen Allegorisierung der Natur hier in letzter Instanz eine Personifikation, also Allegorisierung der Natur in der wissenschaftlichen Beschreibung? Doch gemach – Schlaffer muß mit diesen Kategorien arbeiten und ihnen Erfahrungen zuordnen, denn gäbe es keine nichtallegorische Natur und Liebe, gäbe es auch keine Allegorie von Natur und Liebe, weil sie von nichts abgehoben werden könnte. Es gäbe in diesem Zusammenhang nicht einmal »Sehnsucht«, die Schlaffer konstatiert und konzediert (S. 161), und kein »genuin religiöses Interesse«, das Schlaffer dem Goethe des Faustschlusses apodiktisch abspricht.

Soviel Skepsis wirkt défätistisch. Per Befund Allegorie und Abstraktion wird die Gesellschaft, ja die Welt zum deterministischen Käfig, in dem gesellschaftliches und individuelles Handeln, damit die Fragen nach Alternativen, Verantwortung, Schuld irrelevant sind. In Schlaffers Formulierung: »(...) individuelle ›Kraft‹ und ›Sittlichkeit‹ bezeichnen exakt jene Potenzen, deren unvermeidlichen Untergang in der Moderne »Faust II« darstellt; nur noch als Illusionen, welche die Erfahrung der historischen Wirklichkeit mildern, dauern sie fort.« (S. 8) Das kann ich nicht zugestehen – die Kategorie der Sittlichkeit bleibt in Goethes Werk in Kraft, auch wenn sie relativiert wird und auch wo das Handeln unsittlich wird. »Faust II« ist ein Werk des beispiellosen Reichtums der Gestaltungsmittel und der inhaltlichen Nuancierungen, es ist ein Werk, das nach dem Gesellschaftlichen und nach dem Individuellen, nicht nur nach Charaktermasken fragt, ein Werk, dessen Gesellschaftskritik durchaus konkret, inhaltlich und wertorientiert, in diesem Sinne ›sittlich‹, ist. Sie ist genau so sittlich wie Goethes von Schlaffer (S. 6) zitierte Charakteristik der »neuen Ära« des 19. Jahrhunderts gegenüber Zelter: »Eigentlich ist es das Jahrhundert für die fähigen Köpfe, für leichtfassende praktische Menschen, die, mit einer gewissen Gewandtheit ausgestattet, ihre Superiorität über die Menge fühlen, wenn sie gleich selbst nicht zum Höchsten begabt sind. Laß uns soviel als möglich an der Gesinnung halten, in der wir herankamen (...).« Hier steht nichts von neuer Sicht auf den neuen Gegenstand. Es äußert sich – gleichgültig, wie wir das bewerten wollen – der Entschluß, an einer überkommenen, individualisierenden, in Verantwortung gründenden und Verantwortlichkeit voraussetzenden Sehweise der Welt festzuhalten.

Zweifellos ist »Faust II« reicher als dieses Programm; aber nirgends im Werk, auch in keiner seiner zahlreichen, sonst oft so widersprüchlichen kommentierenden Äußerungen zum Faustdrama hat Goethe diesen Boden verlassen. Und das mit gutem Grund. Denn der radikale Blickwechsel, wie Schlaffer ihn Goethe unterstellt und selbst vollzieht, führt nicht nur in eine Lähmung sämtlicher Aktivitäten, er führt auch in eine pseudoromantische Verklärung vorkapitalistischer Zustände, von der nicht einmal Karl Marx, der Gründervater, frei war. Denn Abstraktion und das Verblassen des Menschen zur Charaktermaske sind ja nach Meinung solcher Kritiker Novitäten des Kapitalismus. Und so können wir bei Schlaffer zum Lobpreis der Allegorie des 19. Jahrhunderts und ihrer Fähigkeit, »mit neuen Erfahrungen der bürgerlichen Praxis und neuen Erkenntnissen des bürgerlichen Denkens« übereinzustimmen, auch folgendes lesen: »Daß die Allegorie ›willkürliche Zeichen‹ in eine unnatürliche Verbindung bringt, könnte sie dazu befähigen, die Konstruktion eines nicht mehr natürlichen Gesellschaftszustandes abzubilden, dessen Gegenstände und Zusammenhänge vom Menschen künstlich produziert worden sind.« (S. 37) Aber war denn die Ständegesellschaft Alteuropas ein »natürlicher Gesellschaftszustand« und was soll das sein? Nichts war natürlich, nie war Natur nichts als sie selbst, seit der Mensch in die Welt trat und sie in den Blick nahm.

So stammt denn auch der Goethesche Textbeleg, auf den in der Kommentierung von Karl Marx sich Schlaffer für die Auslöschung der »natürlichen Individualität« und ihre Substitution durch »Charaktermaske« und »künstliche Person« beruft (Schlaffer S. 52 ff.), aus »Faust I« mit seiner gemäß Schlaffer noch nicht allegorischen Gestaltungsweise. Es ist Mephistos auch von mir zitierte Bemerkung über die Macht des Geldes: »Wenn ich sechs Hengste zahlen kann,/ Sind ihre Kräfte nicht die meine?« usw. (Vers 1824 ff.) Karl Marx kombiniert diese Stelle mit einem Zitat aus Shakespeares »Timon von Athen« und kommentiert folgendermaßen: »Was durch das *Geld* für mich ist, was ich zahlen, d. h. was das Geld kaufen kann, das *bin ich*, der Besitzer des Geldes selbst. (...) Die Eigenschaften des Geldes sind meine – seines Besitzers – Eigenschaften und Wesenskräfte. Das, was ich *bin* und *vermag*, ist also keineswegs durch meine Individualität bestimmt. Ich *bin* häßlich, aber ich kann mir die *schönste* Frau kaufen. Also bin ich nicht *häßlich* (...)« (Ökonomisch-philosophische Manuskripte, geschrieben 1844; s. Karl Marx: Frühe Schriften. Bd. 1. Hg. Hans-Joachim Lieber und Peter Furth. Darmstadt 1971. S. 632 f.). Abgesehen davon, daß Marx hier nur einen Kalauer Mephistos banal paraphrasiert (es kann doch nicht im Ernst davon die Rede sein, die Handelsware Liebe sei mit der auf die individuellen Wesenskräfte gerichteten und aus ihnen fließenden Liebe identisch; wer das meint, muß selber der Entfremdung in der Warenwelt verfallen sein, die er diagnostiziert) – was hier zur Charakterisierung des Geldes gesagt wird, bezeichnet nicht spezifisch die Moderne, sondern gilt – oder gilt nicht – für alle Zeiten, Kulturen und Gesellschaften, die mit Geld operieren. Hier Abstraktion und Allegorie der Moderne festzumachen, leuchtet mir nicht ein, zumal auch in diesem Zusammenhang in Rechnung zu stellen ist, was anläßlich der Schlafferschen These von der Allegorisierung der Natur schon vorgebracht wurde: Schlaffer muß zwangsläufig die eigene Position von dem Totalgemälde ausnehmen, das er entwirft, denn er könnte es sonst gar nicht entwerfen. Und so tauchen denn zuletzt »Erfahrungen des Individuums in der Moderne« auf (S. 190), das demnach gar nicht in »künstlichen Personen« und »Charaktermasken« verschwunden sein kann, wie wir vorher glauben gemacht werden sollen.

Und deshalb, denke ich, hat es auch nach Schlaffer noch Sinn, nicht die Deutung des »Faust II« am Konzept ›Allegorie des 19. Jahrhunderts‹ zu fixieren, sondern, gewiß unter Berücksichtigung der stark allegorisierenden Darstellungsweise, weiterhin inhaltlichen Profilen, anthropologischen Dispositionen in historischer Konkretion, alternativen Verhaltensmöglichkeiten nachzugehen. Denn Form und Gesellschaftskritik unvermittelt zusammenzuschließen, ist kurzschlüssig; ein Vorwurf, den ich Schlaffer bei allem Scharfsinn seiner Beobachtungen und aller Brillanz seiner Darstellung nicht ersparen kann.

Exkurs 2: Nicht nach dem Teufel, sondern nach dem Menschen ist gefragt

In Goethes Faustdrama soll nur das Irren, das im Rahmen und in der Konsequenz des Strebens liegt, in Erlösung aufgehoben werden. Es muß allerdings festgehalten werden, daß Goethe als Faustkommentator den Eindruck zu erwecken vermag, am Horizont stehe die alte häretische Theologie der Apokatastasis panton, der *allgemeinen* Erlösung. So ironisiert er in einem Gespräch mit Falk am 21.(?) 6.1816 das deutsche Publikum und sagt: »(...) wenn sie in der Fortsetzung von ›Faust‹ etwa zufällig an die Stelle kämen, wo der Teufel selbst Gnad' und Erbarmen vor Gott findet, das, denke ich doch, vergeben sie mir sobald nicht!« Im Gegensatz zur Arthur Henkel (Das Ärgernis Faust; s. Anm. 1) sehe ich aber im Dramentext keinen durchschlagenden Beleg für die Apokatastasis panton. Vgl. neuerdings: Ders.: Mephistopheles – oder der vertane Aufwand. In: Th. Cramer und W. Dahlheim (Hg.): Gegenspiele. (= Dichtung und Sprache, Bd. 12. Deutsche Akademie für Sprache und Dichtung, Darmstadt), München 1994. S. 130-147.
Andererseits stehe ich auch einer These Albrecht Schönes skeptisch gegenüber, die Faust-Konzeption enthalte dualistische Elemente manichäischer Herkunft, die Schöne meist minimalistisch, zuweilen aber mit der Andeutung radikaler Konsequenzen formuliert (»Götterzeichen Liebeszauber Satanskult. Neue Einblicke in alte Goethetexte«. 3. ergänzte Aufl. München 1993. Dort das Kapitel »Satanskult. Walpurgisnacht«, S. 107-216, und »Zur Walpurgisnacht«, S. 255-265). Für die minimalistische Version eines relativen Dualismus sehe ich keinen Anlaß, denn das Dramenkonzept der göttlichen Zulassung einer teuflischen Kraft, die stets das Böse will und stets das Gute schafft, zielt weniger auf das alte metaphysische Problem einer Rangordnung im Geisterreich als auf eine moderne Dynamisierung des Weltgeschehens und bedarf des Rückgriffs auf den Manichäismus nicht. Dieser Rahmen böte Platz auch für Schönes Rekonstruktion einer von Goethe wieder gestrichenen blasphemischen Offenbarung Satans in der »Walpurgisnacht«, auf die hier nicht eingegangen werden muß, und für alle von Schöne zitierten Machtansprüche der teuflischen Kräfte, sofern sie eben – wie Schöne selbst betont – nur Anspruch ohne ›objektive‹ Gültigkeit sind (S. 263). Die maximalistische Annahme eines symmetrischen Dualismus bleibt so hypothetisch, daß Schöne den Vorwurf der Kritik, er

fasse den Bösen als souveränen Gegenspieler Gottes auf, empört zurückweist (S. 263). Und in der Tat: Ist ein Autor mit auch nur tendenziell manichäischer Weltsicht vorstellbar, der sich auf den »ungeheuren Spruch« »Nemo contra deum nisi deus ipse« beruft? (»Aus meinem Leben Dichtung und Wahrheit«. Motto des vierten Teils. Hamburger Ausgabe Bd. 10, S. 75, sowie ebd. S. 177.)
Ich möchte aber weiter ins Prinzipielle gehen. Theologische Fragen nach einem Manichäismus oder nach der Apokatastasis panton wären einem Epos wie der Klopstockschen »Messiade« angemessen, das die gesamte Heilsgeschichte gemäß dem Heilsplan Gottes in Christus zusammenzufassen unternimmt; allenfalls auch der philosophisch-theologischen Kosmogonie in »Dichtung und Wahrheit«; aber den Kern der Faustkonzeption treffen sie nicht, weil hier nicht Schöpfungsgeschichte oder Heilsgeschichte im systematischen Zusammenhang, sondern das existentielle Drama des Menschheitsrepräsentanten Faust zur Debatte steht. Es geht im Faustdrama nicht um dogmatische Positionen, auf die Albrecht Schöne immer wieder hinauswill. Die Formsprache der dramatischen Struktur macht deutlich, daß »Faust« nicht der Darstellung eines theologisches Systems dient, auch nicht eines häretischen theologischen Systems, sondern daß umgekehrt säkularisierte theologische Positionen das Leben Fausts perspektivieren; sie dienen der Darstellung des Menschheitsrepräsentanten Faust. Wäre es anders, Goethes Drama wäre anachronistisch. Der Text könnte dann auch nicht so sorglos mit der teuflischen Hierarchie umgehen, wie er es tatsächlich tut. Es ist in Goethes Drama gleichgültig, weil für den Helden Faust gleichgültig, ob Mephistopheles *ein* Teufel oder *der* Teufel ist, ob er »Satansmeister« (Vers 11951) oder Luzifers Diener ist (Vers 10742). Es ist ebenso unerheblich, wie sich Luzifer zu Satan verhält und ob es *einen* Satan oder viele Satane gibt (Vers 11709). Faust steht im Blickpunkt.
Schon Erich Trunz sagt in seinem Kommentar über »Wald und Höhle« (Hamburger Ausgabe Bd. 3. S. 517f.) in bezug auf eine vergleichbare Debatte, nämlich den Streit der älteren Faustforschung über die sogenannte Erdgeisthypothese, auch für unser Problem Bedenkenswertes. Er schiebt die umstrittene Alternative beiseite, ob Mephistopheles statt von Gott vom Erdgeist zu Faust gesendet wird, und äußert die folgende Ansicht: »Der Versuch, ein genau abgestuftes Geisterreich zu konstruieren und das Verhältnis von Gott, Erdgeist, Mephistopheles, Satan, Hexen, singenden Geisterchören usw. genau festzulegen, geht am Wesen

der Dichtung (...) vorbei (...). Ein Kunsthistoriker hat auch nicht die Aufgabe, von einem Gemälde Rembrandts, auf dem aus dem Dunkel einige Köpfe und Schultern auftauchen, nun die ganzen Figuren zu zeichnen, wie sie aussehen würden, wenn nicht Dunkel, sondern Licht herrschte, sondern hat die Bildfunktion des Dunkels, das So-Sein des Gemäldes, zu deuten. (...) Daß Goethe hier ein genaues Abstimmen der Partien aufeinander nicht für nötig hielt, ist das Wesentliche. Faust kommt es nicht auf das Geisterreich an (...).«

So gibt es ja auch keine Publikumsdebatte über die Autonomie des Teufels oder über die Erlösung Mephistos in Goethes »Faust«, die der leidenschaftlichen Anteilnahme der zeitgenössischen »Messias«-Leser an der Erlösbarkeit des reuigen Teufels Abbadona entspräche. Ich kann mir auch nicht vorstellen, daß Goethes Selbstzensur mit der Kappung der »Walpurgisnacht« die gesamte Faustkonzeption deformiert haben soll, um religiöses Ärgernis zu vermeiden. Schönes eigene Belege zeigen, woran das Publikum des »Faust«, speziell der »Walpurgisnacht« noch in der gemäßigten Form, wie sie im Druck erschien, Anstoß nahm. Es waren Verstöße gegen gesellschaftliche Spiel- und Sprachregeln, nicht gegen den rechten Glauben. Es ging weithin um den (guten) Ton, nicht um theologische Konsequenzen einer Konzeption. Denn Goethes Faustdichtung, und seine zeitbedingte Rücksichtnahme, galt einem säkularisierten Publikum mit primär anthropologischem Interesse, das nach dem Menschen, nicht nach dem Teufel fragt, und gründet in einem säkularisierten Glauben.

Exkurs 3: Entstehungsgeschichte und Werkeinheit

Meinem Essay liegt die Auffassung zugrunde, daß ein Werk, dem der Autor einen übergreifenden Titel gibt (»Faust, eine Tragödie, I. Teil«. 1808 – »Faust, der Tragödie zweiter Teil«. 1832) und das in vollständiger Textabfolge von einer »Zueignung« bis zur Abschlußmarkierung »Finis« reicht, als Eines und Ganzes unüberbietbar autorisiert ist. Da die Entstehungsgeschichte fast die gesamte Produktivitätszeit des Dichters durchzieht, erfährt dieses Eine und Ganze gewiß Verwerfungen, Verschiebungen und Entfaltungen, aber darin spitzt sich nur ins äußerste zu, was Gestaltungen der Kunst auszeichnet. Es scheint mir nicht die Ausnahme, sondern die Regel bei Kunstwerken zu sein, daß sie »work in progress« sind. Werkentstehungen folgen keiner strikt verfügbaren Landkarte. Sie gleichen Expeditionen in Neuland, das erst durch die Reise kartographierbar wird. Stießen sie nicht ins Unbekannte vor, sie wären der Mühe nicht wert.

Als der junge Goethe den »Urfaust« schrieb, formte sich der Held zum Genie und Übermenschen, der ins Unbedingte vordringen will, zur Totalität der Erkenntnis (Vers 86: »Bin ich ein Gott? mir wird so licht!«) und der Erfahrung (Vers 157 f.: »Der du die weite Welt umschweifst,/ Geschäft'ger Geist, wie nah fühl ich mich dir!«), schließlich zur Grenzsprengung im Medium der Liebe (Vers 1040 f.: »[…] eine Wonne/ Zu fühlen, die ewig sein muß! Ewig! –«). In der Umformung des »Urfaust« zu »Faust, eine Tragödie, I. Teil« gewinnen die vorhandenen Partien einen neuen Stellenwert, denn nun wird durch den Rückgriff auf das Buch Hiob im »Prolog im Himmel« die Menschheitsrepräsentanz des Ausnahmemenschen Faust sichergestellt und im weiteren Text durch Fausts breite Reflexionen auf das Menschenlos unterstrichen; jetzt erst tritt das organisierende Stichwort »Streben« als Formelwort für die anthropologische Veränderungsenergie heraus; aber doch wird mit diesem Wort nur in die Reflexion und in den Begriff gehoben, was schon die Grundhaltung des Urfaust-Genies ist: das Ungenügen am Gegebenen, der leitende Imperativ: Der Mensch und die Welt sollen anders sein! Der Einspruch gegen die Weltordnung, die metaphysische Kritik artikulieren sich auf diesem Niveau vor allem im Selbstmordmonolog der Osternacht, in Pakt und Wette neu.

Vergleichbar ist das Verhältnis des zweiten Dramenteils zum ersten. Jetzt erst gewinnt die anthropologische Thematik ihre zeitgeschichtliche

Radikalisierung. Vision und Kritik der Moderne erreichen ihre ganze Breite, ihre Auffächerung in die verschiedenen gesellschaftlichen Bereiche der Sozialordnung, Ökonomie, Technik und Kunst. Die Wendung ins Generische führt zu tiefen stilistischen Veränderungen, aber Faust bleibt die Zentralfigur des Werks, und seine Haltung zum Gegebenen bleibt sich auch in den neuen Erfahrungsbereichen gleich. Immer verlangt er Unbedingtheit – im Gang zu den Müttern, im Zugriff auf die Urformen des Lebens und seine Idealität im Schönen, in der Revolutionierung der ökonomischen Ordnung und in der Schöpfung der neusten Erde. Die Gretchenhandlung erhält vom zweiten Teil her eine neue Gewichtung und Perspektive, weil sie im Rahmen der Goetheschen Symbolik der Geschlechter die zum Streben polare Kraft der Liebe entfaltet, die das Versöhnungsendspiel trägt. Fausts Tod wird zur Antwort auf Pakt und Wette. Die Himmelfahrt wird zur Antwort auf den »Prolog im Himmel«, das Ironisch-Gleichnishafte der Schlußszene tritt in Korrespondenz zum »Vorspiel auf dem Theater«: Daß Himmel und Hölle in dem engen Bretterhaus des Theaters zur Erscheinung gebracht werden können, gründet darin und macht zugleich deutlich, daß alles Vergängliche nur ein Gleichnis ist: Gottvater und Mater gloriosa sind theatralische Verweise auf ein unfaßbares Göttliches, auf das der Mensch bezogen ist, aber auch: Der Bezug des Menschen auf einen göttlichen Weltgrund wird Ereignis im theatralischen Gleichnisspiel.

Am Ende der Faustdichtung hat sich ein literarischer Plan verwirklicht, der in der Verwirklichung *dieser* Plan erst geworden ist. Das Ziel deutet sich in jedem Schritt des Weges an. Das Ende holt den Anfang in sich ein. Hier setzt meine Interpretation an. Sie vollzieht eine progredient-regrediente Lektüre. Das Werk darf nicht in seine Entstehungsgeschichte aufgelöst werden, denn es hat seine Entstehungsgeschichte in sich zur Werkeinheit versammelt. »Freilich bedurfte es zuletzt einen recht kräftigen Entschluß, das Ganze zusammenzuarbeiten, daß es vor einem gebildeten Geiste bestehen könne.« So Goethe am 20.7.1831 an Heinrich Meyer. Und er fährt fort: »(...) das Ganze liegt vor mir (...).«

Anmerkungen

1) Zu Faust als Gegenstand deutscher Ideologie siehe Hans Schwerte: Faust und das Faustische. Ein Kapitel deutscher Ideologie. Stuttgart 1962. – Klaus Völker: Faust. Ein deutscher Mann. Die Geburt einer Legende und ihr Fortleben in den Köpfen. Lesebuch. Berlin 1975. Veränderte und erweiterte Neuausgabe 1991. – Die Zitate von Ferdinand Gustav Kühne und Heinrich von Treitschke dort S. 164, 165. Das Zitat von Menzel bei Arthur Henkel: Das Ärgernis Faust. In: Ders.: Goethe-Erfahrungen. Studien und Vorträge. Kleine Schriften. Stuttgart 1982. S. 163-179; dort S. 164.

2) Gestaltungen des Faust. Die bedeutendsten Werke der Faustdichtung seit 1587. Hg. H. W. Geißler. 3 Bde. München o.J. (Vorwort 1927). Bd. 1: Die vorgoethesche Zeit. S. 304. – Zitate aus Goethes Faust gebe ich im folgenden nach: Goethes Werke. Hamburger Ausgabe. Hg. E. Trunz. 1. A. 1948 ff. Bd. 3. Hg. E. Trunz. 1. A. 1949. – Zum Zusammenhang vgl. das Kapitel »Das Drama der Menschengattung« aus Georg Lukács: Faust-Studien (1940). In: Ders.: Goethe und seine Zeit. Berlin 1950. S. 200-329; dort S. 225-251.

3) Damit bestreite ich nicht die sonst geltend gemachten Rückbezüge des Faustischen Strebens auf Aristoteles, den Neuplatonismus und Leibniz. Ich sehe dort vielmehr philosophische Formulierungen, die Aspekte der anthropologischen Veränderungsenergie markieren.

4) Vgl. Gerhard Kaiser: Faust und Margarete: Hierarchie oder Polarität der Geschlechter? In: W. Groddeck, U. Stadler (Hg.): Physiognomie und Pathognomie. Zur literarischen Darstellung von Individualität. Festschrift für Karl Pestalozzi zum 65. Geburtstag. Berlin, New York 1994. S. 169-185.

5) Vgl. Joachim Ritter: Landschaft. (1963) In: Ders.: Subjektivität. Sechs Aufsätze. Frankfurt a. M. 1974. S. 141-164.

6) Grimmsches Wörterbuch Bd. 14. Leipzig 1893. Stumpffs Gedicht mit dem Titel »Der Kampf der Elemente« ist abgedruckt bei: Max Maria von Weber: Goethe und die Dampfmaschine (1882). In: M. Krause (Hg.): Poesie & Maschine. Die Technik in der deutschsprachigen Literatur. Köln 1989. S. 49-53.

7) An Wilhelm von Humboldt am 17. 3. 1832, wenige Tage vor Goethes Tod. Siehe zu diesem Formelwort Goethes: Herman Meyer: Diese sehr ernsten Scherze. Eine Studie zu Faust II. Heidelberg 1970.

8) Hinweis von Wilhelm Hennis, der anläßlich seiner Goya-Neudeutung diese Thematik im europäischen Zusammenhang bearbeitet.

9) Leo Kreutzer (»Nachts erscholl des Jammers Qual«. Über das Verhältnis von Natur und Ökonomie in »Faust II«. Vortrag im Deutschlandfunk vom 11. April 1993) sieht hier einen Hinweis Mephistos auf die Goethe wohlbekannte Wirtschaftslehre der Physiokraten und ihre Einschätzung der Landarbeit. Mir erscheint jedoch Mephistos Rede von der Landwirtschaft zu allgemein, als daß sie eine so spezifische Deutung vertrüge.

10) Hans Christoph Binswanger: Geld und Magie. Deutung und Kritik der modernen Wirtschaft anhand von Goethes »Faust«. Mit einem Nachwort von Iring Fetscher. Stuttgart 1985. S. 23. Ähnlich schon Georg Lukács: »Betrachtet man die magischen Wirkungen des Mephistopheles, (...), so hat man, dem Wesen nach, diese durch Marx analysierte zauberhafte Vergrößerung des menschlichen Aktionsradius durch das Geld vor sich.« Lukács: Goethe und seine Zeit (s. Anm. 2) S. 256 f. Zur Frage von Geld und Gesellschaft in »Faust II« vgl. Dorothea Lohmeyer: Faust und die Welt. Der zweite Teil der Dichtung. München 1975. Es handelt sich um die Neufassung einer Dissertation von 1940. Obwohl die bedeutende Arbeit vor allem in der Neufassung Ansätze zu einer historischen Perspektivierung aufweist (s. S. 36: Das Neuzeitliche. S. 70: Prozeß – Die Gesellschaft der Neuzeit), bleibt sie im Grunde bei einer phänomenologischen Wesenserfassung von Gesellschaft, Geld, sozialen Masken usw. schlechthin. Die wichtige Monographie von Binswanger skizziert Goethes nationalökonomische, naturwissenschaftliche und technische Interessen und Kenntnisse. Dazu siehe auch: Bernd Mahl: Goethes ökonomisches Wissen. Frankfurt a. M. 1982.

11) Binswanger (s. Anm. 10). S. 55.

12) Ebd. S. 58. Zur Tödlichkeit von Geld und Ware s. ebd. S. 64 ff.

13) Zit. ebd. S. 30f.
14) Zu einer bemerkenswert positiven Einschätzung von Fausts Kolonisationswerk kommt Alexander Rudolf Hohlfeld in: Weitere Betrachtungen zum irdischen Ausgang (Fausts). In: Ders.: Fifty Years with Goethe. Madison/Wisc. 1953. S. 92-126.
15) Merkwürdigerweise hat Goethe am 6. Juni 1831 zu Eckermann gesagt, als dieser mit Selbstverständlichkeit auf Ovid Bezug nahm: »Mein Philemon und Baucis (...) hat mit jenem berühmten Paare des Altertums und der sich daran knüpfenden Sage nicht zu tun.« Mir scheint die Verbindung aber so offensichtlich, daß ich Goethes Äußerung übergehe. Das zugrundeliegende methodische Problem kann in diesem Zusammenhang nicht erörtert werden. Hier nur so viel: Gleichgültig, ob Goethe als Autor an Ovid gedacht hat oder nicht, besitzt der Text mit seiner Namengebung ein solches Eigengewicht, daß er – wie sich an Eckermann zeigt – die Ovid-Assoziation geradezu herausfordert und durch Sinnbereicherung legitimiert. Der Kommentar von Theodor Friedrich/ Lothar Scheithauer (Göttingen 1959) setzt sich über das Problem stillschweigend so hinweg, daß er im Kommentarteil Goethes Äußerung zitiert, im anschließenden Faust-Wörterbuch aber selbstverständlich den Bezug auf Ovid herstellt.
16) Arthur Henkel: Das Ärgernis Faust (s. Anm. 1). S. 173. Auch Henkel stellt die Verbindung zu Ovid her.
17) Vgl. Herman Meyer: Hütte und Palast. In: Formenwandel. Festschrift für Paul Böckmann. 1964. S. 138-165. – Ders.: »Friede den Hütten, Krieg den Palästen.« In: Jahrbuch der Deutschen Akademie für Sprache und Dichtung. Darmstadt 1974. S. 20-31.
18) In diesem Sinne heißt es in Gottfried Kellers Gedicht »Stille der Nacht«: »Es ist, als tät der alte Gott/ Mir endlich seinen Namen kund.«
19) Zur Bedeutung der Konstellation von Wandrer und Idylle vgl. meinen Band: Wandrer und Idylle. Goethe und die Phänomenologie der Natur in der deutschen Dichtung von Geßner bis Gottfried Keller. Göttingen 1977. S. 37-82. – Ders.: Goethes Idylle »Der Wandrer« – gelesen im Licht der Vergil-Tradition. In: Ders.: Mutter Natur und die Dampfmaschine. Ein literarischer Mythos im Rückbezug auf Antike und Christentum. Freiburg i. Br. 1991. S. 13-36. – Das Verstummen des Wandrers ist von Schuchardt als bedeutendes Motiv erkannt worden (G. C. L. Schuchardt: Juli-Revolution, St. Simonismus und die Faust-Partien von 1831. In: Zeitschrift für Deutsche Philologie 60. 1935. S. 240-274; 362-384; dort S. 374). Wilhelm Hennis hat darauf nachdrücklich zurückgegriffen.
20) Vgl. zum Zusammenhang Paul Burdach: Faust und die Sorge. In: Deutsche Vierteljahrsschrift für Literaturwissenschaft und Geistesgeschichte. Bd. 1. 1923. S. 1-60. – Max Kommerell: Faust und die Sorge. (1939) In: Ders.: Geist und Buchstabe der Dichtung. Frankfurt 1939. 3. Aufl. 1944. S. 75-111. – Paul Stöcklein: Fausts Kampf mit der Sorge. (1944) In: Ders.: Wege zum späten Goethe. Hamburg 3. A. 1970. S. 88-124.
21) Wilhelm Meisters Lehrjahre. VIII, 7. (Hamburger Ausgabe. Bd. 7. S. 563).
22) Wilhelm Meisters Wanderjahre. I, 7. (Hamburger Ausgabe. Bd. 8. S. 83).
23) Peter Michelsen: Fausts Erblindung. In: Deutsche Vierteljahrsschrift für Literaturwissenschaft und Geistesgeschichte. Bd. 36. 1962. S. 26-35, dort S. 29. Neudruck in: Werner Keller (Hg.): Aufsätze zu Goethes »Faust II«. Darmstadt 1992 (= Wege der Forschung) – Vgl. a. Paul Requadt: Goethes »Faust I«. Leitmotivik und Architektur. München 1972. S. 377. Requadt zieht weitgehend eine Summe der älteren Forschung zu »Faust I«, berücksichtigt allerdings nicht den wichtigen Beitrag von Hermann J. Weigand: Wetten und Pakt in Goethes »Faust« (1967), in dessen Nähe ich mich bei meinen späteren Ausführungen zu Pakt und Wette befinde. Zuletzt in: Werner Keller (Hg.): Aufsätze zu Goethes »Faust I«. Darmstadt 1974 (= Wege der Forschung). S. 410-427.
24) Michelsen (s. Anm. 23) S. 34.
25) Requadt (s. Anm. 23) S. 364.
26) Goethe: Maximen und Reflexionen. Hg. Max Hecker. Weimar 1907. Nr. 241.
27) Als ebenso differenzierte wie konkrete Darstellung dieses moralischen Problemfelds in der Geschichte hat mich bleibend beeindruckt: Edith Eucken-Erdsieck: Größe und Wahn. Drei Essays über Friedrich den Großen, Napoleon, Hitler. Wiesbaden und München 1978.

28) Zu Eckermann am 11.3.1828. – Durchgehend tendiert Goethe in seinen Selbstkommentaren zu einer sehr hohen Einschätzung Fausts, der überall zu folgen mir schwerfällt. Grundsätzlich halte ich allerdings die Selbstdeutung des Autors nicht für bindend. Überlegungen dazu habe ich in meinem Essay »Fitzcarraldo Faust. Werner Herzogs Film als postmoderne Variation eines Leitthemas der Moderne« (München 1993. S. 59-67) angestellt. Paul Requadt (s. Anm. 23) unternimmt es S. 381-384 in sehr differenzierter Interpretation, Goethes Äußerungen vom Anschein zu befreien, er sehe Faust auf dem Weg ständiger moralischer Besserung.
29) Hecker (s. Anm. 26). Nr. 1055.
30) Ebd. Nr. 461.
31) U. a. Walter Dietze: Tradition, Gegenwart und Zukunft in Goethes »Faust«. In: Deutschunterricht. 24. 1971. S. 267-285. Dort S. 269f. Vgl. das Kapitel: »Die Schlußvision des alten Faust – verwirklicht in der DDR«. In: Deborah Vietor-Engländer: Faust in der DDR. Frankfurt a. M. u. a. 1987. S. 26-28.
32) Goethe hat sich zu Eckermann am 30. Oktober 1830 durchaus negativ über den Sozialismus des Grafen Saint-Simon ausgesprochen. Zum Zusammenhang s. G. C. L. Schuchardt: Julirevolution, St. Simonismus und die Faust-Partien von 1831 (s. Anm. 19). Hier das gesamte Material zum Thema. – Vgl. a. Heinz Hamm: Julirevolution, Saint-Simonismus und Goethes abschließende Arbeit am »Faust«. (1982) Zuletzt in: Werner Keller (Hg): Aufsätze zu »Faust II« (s. Anm. 23). S. 267-277.
33) Ich teile nicht die in der Forschung vertretene Meinung, Faust verzichte ab Vers 11404 auf Magie. Zwar spricht er gegenüber der Sorge kein Zauberwort, aber da er bis zum Ende die Dienste Mephistos in Anspruch nimmt, bleibt er auch im Bereich des magischen Bundes.
34) Requadt (s. Anm. 23). S. 380-384.
35) Kreutzer (s. Anm. 9). Vgl. a. Günter Mieth: Fausts letzter Monolog – Poetische Struktur einer geschichtlichen Vision. (1980) Zuletzt in: Werner Keller (Hg.): Aufsätze zu »Faust II« (s. Anm. 23). S. 357-374.
36) Benno von Wiese: Die deutsche Tragödie von Lessing bis Hebbel. 2. A. Hamburg 1952. S. 162f.
37) S. Artikel »Sprachrohr« im Grimmschen Wörterbuch.
38) Paralipomenon zu Faust II, 4. Akt. Bruchstück der geplanten, aber später nicht ausgeführten Szene, in der Fausts Belehrung dargestellt werden sollte. s. Goethes Werke. Weimarer Ausgabe. Bd. 15, 2. Abt.: Faust II. Lesarten. Hg. E. Schmidt. Weimar 1887f. S. 342.
39) Das Folgende ist die Revision meiner Revision meines Vortrags »Faust und die Bibel« (Erstdruck in: Deutsche Vierteljahrsschrift für Literaturwissenschaft und Geistesgeschichte. 58. 1984. S. 391-413), die ich beim Wiederabdruck in dem Sammelband »Mutter Natur und die Dampfmaschine« vorgenommen habe (s. Anm. 19). S. 111-137. Im Wiederabdruck habe ich die Meinung geäußert, die Erlösung Fausts wirke fadenscheinig angesichts der von ihm erzeugten Katastrophen. Die Größe der Faustdichtung bestehe auch darin, daß die im Drama entfaltete Widerspruchsstruktur nicht nur Goethes Selbstkommentare, sondern gleichermaßen den im Werk selbst verankerten Deutungsrahmen der Erlösung durchschlage. Ich bin auch heute noch der Überzeugung, daß der Rang der Faustdichtung unabhängig davon ist, ob das Erlösungsendspiel als im Rahmen der Konzeption tragfähig eingeschätzt wird oder nicht. Trotzdem hat mich die erneute Vertiefung in den Text dazu gebracht, der Erlösungsfrage noch einmal nachzugehen. Im folgenden gebe ich keine Interpretation des Faustschlusses – das würde mein Thema überschreiten – aber eine Deutungslinie. – Zur Interpretation und Kommentierung verweise ich auf: Jochen Schmidt: Die ›katholische Mythologie‹ und ihre mystische Entmythologisierung in der Schlußszene des »Faust II«. In: Jahrbuch der Deutschen Schiller-Gesellschaft. 34. 1990. S. 230-256. – Am nächsten stehe ich Paul Requadts Deutung des Faustschlusses (s. Anm. 23), die in dem von ihm entwickelten, von mir rezipierten Verständnis des Verhältnisses von Irren und Streben gründet.
40) Goethe selbst betont den religiösen Charakter dieser Kategorien. Am 6.6.1831 sagt er zu Eckermann: »Es steht dieses (Fausts Rettung) mit unserer religiösen Vorstellung durchaus in

Harmonie, nach welcher wir nicht bloß durch eigene Kraft selig werden, sondern durch die hinzukommende göttliche Gnade.«

41) Das hat mit großer Präzision Requadt (s. Anm. 23) formuliert: »Da der strebende Mensch immer ein Irrender ist (...) und nur der strebende Mensch erlöst werden kann, besteht Fausts Anteil an seiner Erlösung einzig und allein im Durchhalten des Irrens.« (S. 382).

42) Lehrjahre, Buch 8, Kapitel 5. Hamburger Ausgabe Bd. 7, S. 553.

43) Hamburger Ausgabe Bd. 9, S. 351-353.

44) Max Frisch: Gesammelte Werke in zeitlicher Folge. Bd. II, 1. Hg. H. Mayer. 2. A. Frankfurt a. M. 1976. S. 139-227, dort S. 145.

ROMBACH WISSENSCHAFTEN

REIHE LITTERAE

*Herausgegeben von
Gerhard Neumann und
Günter Schnitzler*

Bd. 13: Gerhard Kaiser
Mutter Natur und die Dampfmaschine
Ein literarischer Mythos im Rückbezug auf Antike und Christentum
139 S., 2 s/w Abb., Pb.,
15,4 x 22,8 cm
DM 38,-
ISBN 3-7930-9066-3

Mutter Natur und die Dampfmaschine erscheinen gleichzeitig auf der geschichtlichen Bühne. Während der Großverbrauch der Kohle, versteinerter Wälder, beginnt und der Mensch sich zur technischen Umwelt aufschwingt, entwirft er das Ideal einer freien, sich selbst genügenden Natur in sich und um sich. Im Rückbezug auf Antike und Christentum formiert die Literatur die jüngste mythische Gottheit. Gerhard Kaiser untersucht in seinen Beiträgen z.B. Fragen von Kunst und Gesellschaft wie in Goethes »Novelle« oder den Zusammenhang von Ökologie, Ökonomie und Phantasie in Wilhelm Raabes »Pfisters Mühle«.

Erhältlich in Ihrer Buchhandlung

ROMBACH VERLAG

Bertoldstraße 10, 79098 Freiburg i. Br.
Telefon Verlag 0761/45 00 - 3 30

ROMBACH WISSENSCHAFTEN

REIHE LITTERAE

*Herausgegeben von
Gerhard Neumann und
Günter Schnitzler*

Bd. 13: Gerhard Kaiser
**Mutter Natur und die
Dampfmaschine**
Ein literarischer Mythos im
Rückbezug auf Antike und
Christentum
139 S., 2 s/w Abb., Pb.,
15,4 x 22,8 cm
DM 38,-
ISBN 3-7930-9066-3

Mutter Natur und die Dampfmaschine erscheinen gleichzeitig auf der geschichtlichen Bühne. Während der Großverbrauch der Kohle, versteinerter Wälder, beginnt und der Mensch sich zur technischen Umwelt aufschwingt, entwirft er das Ideal einer freien, sich selbst genügenden Natur in sich und um sich. Im Rückbezug auf Antike und Christentum formiert die Literatur die jüngste mythische Gottheit. Gerhard Kaiser untersucht in seinen Beiträgen z.B. Fragen von Kunst und Gesellschaft wie in Goethes »Novelle« oder den Zusammenhang von Ökologie, Ökonomie und Phantasie in Wilhelm Raabes »Pfisters Mühle«.

Erhältlich in Ihrer Buchhandlung

ROMBACH VERLAG

Bertoldstraße 10, 79098 Freiburg i. Br.
Telefon Verlag 07 61/45 00 - 3 30

Harmonie, nach welcher wir nicht bloß durch eigene Kraft selig werden, sondern durch die hinzukommende göttliche Gnade.«

41) Das hat mit großer Präzision Requadt (s. Anm. 23) formuliert: »Da der strebende Mensch immer ein Irrender ist (…) und nur der strebende Mensch erlöst werden kann, besteht Fausts Anteil an seiner Erlösung einzig und allein im Durchhalten des Irrens.« (S. 382).

42) Lehrjahre, Buch 8, Kapitel 5. Hamburger Ausgabe Bd. 7, S. 553.

43) Hamburger Ausgabe Bd. 9, S. 351-353.

44) Max Frisch: Gesammelte Werke in zeitlicher Folge. Bd. II, 1. Hg. H. Mayer. 2. A. Frankfurt a. M. 1976. S. 139-227, dort S. 145.